LETTRES SOCIALISTES.

DEUXIÈME LETTRE.

LA FORMULE

par

C. CHARPILLET.

L'homme, cet être flexible, se pliant dans la société
aux pensées et aux impressions des autres, est
également capable de connaître sa propre nature,
lorsqu'on la lui montre, et d'en perdre jusqu'au
souvenir, lorsqu'on la lui dérobe.

Montesquieu, *Préface de l'Esprit des Lois.*

Prix : 1 fr. 50 c.

PARIS,

GARNIER FRÈRES, LIBRAIRES,

10, RUE RICHELIEU, ET PALAIS-NATIONAL, 215 *bis*,

1851.

LA FORMULE.

BLOIS. — IMPRIMERIE DE HENRY MOKARD.

LETTRES SOCIALISTES.

DEUXIÈME LETTRE.

LA FORMULE

PAR

C. CHARPILLET.

L'homme, cet être flexible, se pliant dans la société
aux pensées et aux impressions des autres, est
également capable de connaître sa propre nature,
lorsqu'on la lui montre, et d'en perdre jusqu'au
souvenir, lorsqu'on la lui dérobe.

MONTESQUIEU, *Préface de l'Esprit des Lois.*

Prix : 1 fr. 50 c.

PARIS,

GARNIER FRÈRES, LIBRAIRES,

10, RUE RICHELIEU, ET PALAIS-NATIONAL, 215 bis.

1851.

PRÉFACE.

PRÉFACE.

L'objet de notre premier travail a été de rechercher les causes du socialisme ; ses raisons d'être et sa signification actuelle. Nous avons trouvé que ce pourquoi du socialisme est l'absence d'un ordre social et le besoin d'arriver à un ordre nouveau, qui

soit en harmonie avec les principes révolutionnaires désormais acquis, mais non pas
organisés.

Pour première conclusion nous sommes
arrivés à cette alternative : socialisme ou
despotisme. Socialisme, si nous ne sommes
pas incapables de surmonter les difficultés
d'un nouvel ordre à fonder; despotisme,
après la prompte lassitude de l'anarchie, si
nous échouons dans cette tentative, si nous
ne parvenons à faire aboutir les idées libérales.

Cette alternative, clairement donnée par
le raisonnement, commence aussi à se des-
siner dans les faits d'une manière incontes-
table.

Nous voyons les partis politiques, malgré
tous leurs efforts, obligés de renoncer de
plus en plus à leurs anciennes distinctions
purement politiques, pour se classer, avant
tout, par rapport à la question sociale.

Dans la discussion même, dans la polémique, un mouvement semblable se manifeste. Entre les socialistes et les partisans encore fidèles des idées libérales, il ne reste que des différences de conduite plutôt que de doctrine. Mais partis de points très-opposés, ils refusent encore de reconnaître qu'il n'y a presque plus entre eux que des malentendus.

Cette situation est trop grave pour ne pas effacer les questions de personnes. Les idées opposées marchent, en quelque sorte d'elles-mêmes, à la rencontre les unes des autres. Nous avons vu l'Assemblée appeler à sa barre un écrivain inconnu, et ne point penser qu'elle pouvait dédaigner ses attaques. Un simple président de république est plus fort, contre le pouvoir parlementaire, que ne l'a jamais été un roi constitutionnel. Dans une lutte qui est de plus en plus vive le talent et l'ancienne autorité deviennent choses secondaires. M. Rouher peut fort

bien tenir la place de M. Odilon Barrot.
C'est qu'il ne s'agit plus d'un tournoi, mais
d'un combat dont la gravité pèse sur toutes
les consciences.

C'est encore ce qui explique le revire-
ment soudain de tant de libéraux ; on pourrait même dire de tous les chefs du parti
libéral. Ils ont combattu pour le principe
représentatif, on sait avec combien d'efforts, on sait comment ils étaient arrivés
à presque désespérer; comment ils nous
montraient l'autorité royale surpassant et
ployant à son gré les institutions représen-
tatives. Par un dernier effort ils réussirent
à élever la volonté populaire au-dessus de
ces formes légales, devenues de simples instruments de règne. La royauté fut brisée
pour la quatrième fois dans notre pays. Elle
s'était enfin décidée à accepter le combat.

Nous avons vu que notre situation ne
comporte plus aucune monarchie. Cette

prétendue royauté constitutionnelle n'était
qu'une attente, une oscillation, entre une
simple magistrature démocratique et le
pouvoir absolu. Il devait arriver que cédant
d'abord, faute de forces, elle n'attendrait que
quelques succès pour prendre confiance et
en venir à une guerre déclarée contre la sou-
veraineté populaire. Peu d'instants ont suffi
pour sa défaite; mais en face des nouvelles
perspectives ouvertes par cet écroulement,
les chefs des idées libérales se sont mon-
trés effrayés, et, au moins en apparence, ils
semblent avoir été les premiers à déserter
leur victoire. A peine s'étaient retirées les
dernières fluctuations qu'une révolution fait
autour d'elle : la réaction est venue s'emparer du terrain abandonné. Nous l'avons
vue monter comme une crue rapide et menacer de renverser les sommets les plus
élevés des libertés publiques. Nous avons,
dans ce tumulte, entendu retentir le honteux
sauve qui peut des idées libérales.

Il faut savoir distinguer dans les diverses

couches qui forment l'effectif social. Une
génération occupe la surface, elle a la parole
et l'action politiques. C'est dans celle-là que
le désordre a été grand; elle a laissé tomber, en fuyant, ses armes et ses drapeaux.
Au-dessous de cette superficie, la démocratie a fait silence, mais ses rangs sont
demeurés serrés et immobiles. A quoi s'ar-
rête l'*ère des Césars?* Qui la tient en échec?
Ce ne sont pas les personnages placés sur
le damier politique. L'obstacle vrai est dans
cette masse silencieuse dont je parle. C'est
elle qu'interrogent d'un regard inquiet les
champions du despotisme. Ils se demandent
ce qu'il y a dans cette ombre, dans ce
silence?

Le suffrage universel contient le socialisme ou le despotisme, mais seulement l'un
ou l'autre.

Vous direz au peuple : Ton droit fait ta
sécurité et ton honneur. Il peut ne pas vous
entendre, et, séduit par une glorieuse lé-

gende, répondre : Napoléon. Mais si tu abandonnes ce droit une seule fois, lui crierez-vous, il sera perdu sans retour, tu auras un maître. Il peut ne pas vous comprendre et répondre : Napoléon.

Vous le presserez, vous l'exhorterez, mais s'il répond : Napoléon, quand il est déjà si menaçant qu'il l'ait dit une seule fois, je demande si tout ne sera pas perdu pour la liberté.

Ainsi serait réalisée cette obscure éventualité, dont M. Thiers a parlé à la tribune. Alors, en effet, serait brisée notre civilisation, et le peuple trompé, ne sachant ce qu'il aurait fait, rirait peut-être en voyant les débris de la fragile merveille.

Voilà l'espérance dans laquelle nous verrons se réunir tous les partisans des anciennes oppressions; ils pensent profiter de l'ignorance du peuple et s'en servir comme d'un levier pour écraser la liberté d'un seul coup. Les grandes tyrannies ont toujours pris pour premier fondement l'égarement de la faveur populaire.

Tel est le danger; mais nous avons aussi de bonnes espérances. Les idées libérales dominent encore de vaines déclamations; et je ne vois pas qu'elles fassent moins grande figure dans le monde que n'ont fait les victoires d'Alexandre et de Napoléon. Et puis il y a une force qui combat pour nous; la division de la propriété a fait plus de propriétaires, plus de droits, que jamais n'en a contenus aucune société. Pour vaincre le socialisme, il faudrait vaincre l'égalité civile.

Mais le mot de socialisme! ce mot seul suffira-t-il pour étouffer un progrès? Il y a toujours une déclamation toute faite pour épargner au commun des esprits le travail d'une pensée propre. La déclamation d'aujourd'hui, c'est que le socialisme est nécessairement la barbarie, la source

de tout le mal, le contraire de tout ordre
et de tout droit. Le nom de socialiste a
presque une signification aussi méprisante
que celui de chrétien aux premiers siècles
de notre ère.

Cependant, on sent que le socialisme a
quelque chose qui le lie aux idées libérales.
Aussi sont-elles attaquées, et désertées. Mais
cela ne fera pas qu'elles aient été une doctrine neutre, stérile, incapable de fournir
un ordre social.

Après avoir cherché le pourquoi du socialisme, nous en donnons aujourd'hui les
conditions, la formule.

Ce qui est certain, c'est que nous n'avons
plus d'ordre social, et que nous ne rentre-
rons pas dans le passé si cher à toutes les
tendances tyranniques. Vous avez beau affirmer que tout notre avenir, comme tout
notre passé, est contenu sous le manteau
fleurdelisé de saint Louis. Le retour est

fermé. Conquérante arrivée sur le rivage
d'un monde nouveau, la France ne peut plus
entendre vos regrets; elle aussi elle a brûlé
ses vaisseaux. Si donc, à aucun prix, vous
ne voulez la liberté, vous n'avez qu'un parti
à prendre, celui de vous ranger du côté de
ceux qui réclament l'épée à deux tranchants
du pouvoir absolu.

25 Janvier 1851.

EXPLICATIONS PRÉLIMINAIRES.

Explications préliminaires.

J'ai dit, dans ma première lettre, que je croyais à une seule formule du socialisme : celle qui sera déduite des faits eux-mêmes. C'est, en effet, relativement à leurs forces, à leurs éléments, à leur avoir, que les sociétés peuvent être dites bien ou mal organisées ; et si ce sont là les données d'un problème social,

on ne conçoit pas qu'elles puissent se prêter
également à des solutions diverses.

J'ajoute que cette solution que nous cherchons, non-seulement doit être prise dans les
faits, mais qu'elle me semble même de plus en
plus indiquée par eux, et qu'il s'agit moins de
la dégager péniblement de l'inconnu, que de
la voir et de la montrer.

Il n'en reste pas moins une tâche pénible et
peut-être périlleuse. Le problème n'est pas
abstrait. La vérité qu'il dénonce est une vérité
vive, qui touche aux intérêts et aux passions.
Or, il n'est pas dans la nature des passions et
des intérêts d'écouter volontiers et de se laisser
convaincre facilement.

Il est vrai que les différentes écoles socialistes
ont pu, jusqu'ici, s'expliquer librement, et
qu'elles n'ont pas été empêchées, que je sache,
d'aborder à leurs risques les épreuves de l'expérience. Mais, pour en conclure sûrement au
profit de la liberté, il faudrait pouvoir dire
si ces doctrines ont jamais pu faire craindre

leur succès, et si elles ont trouvé une autre
tolérance que celle seulement de courir à un
échec.

En serait-il de même d'une formule qui en-
trerait dans les faits, qui se montrerait supérieure à toutes les objections et à toutes les
difficultés?

Je ne vois pas que les novateurs, je dis ceux
qui ont introduit dans le monde les meilleures
réformes et les idées destinées à être regardées
dans la suite comme les plus chères conquêtes
de l'esprit humain, je ne vois pas qu'ils aient
jamais eu un labeur sans peines et sans dan-
gers. On peut dire que les hommes ont rendu
redoutable l'entreprise de les aider à devenir
plus heureux. Il semble qu'ils ne puissent s'accorder seulement la liberté. *Quis enim potest
probare diversa : Qui peut souffrir que son voisin
fasse autrement qu'il ne fait lui-même*, dit avec
une froide ironie ce Pétronne qui semble avoir
compris si profondément son *Ère des Césars* et
la grande décadence dont il était le témoin

En parlant de socialisme, je n'ai point l'en-

thousiasme irréfléchi de la fraternité; ma
première préoccupation est de repousser toute
les contraintes que l'on voudrait imposer en
son nom. Je ne reconnais qu'une vraie fraternité, celle qui est, comme la foi, absolument
libre et sincèrement tolérante.

Je ne repousse pas moins énergiquement
l'affirmation misanthropique de Hobbes, qui
prétend que les hommes ne se réunissent en
société que par haine les uns des autres, pour
se surveiller et se gouverner de plus près. Je
suis certain que cela ne saurait être une vérité
générale. On ne comprendrait pas comment la
haine aurait toujours amené l'association. On
ne comprendrait pas, surtout, comment l'humanité aurait pu toujours durer, et ne pas arriver à sa ruine, si elle était entachée d'un vice
si général. Sa durée et son développement,
seuls, prouvent que ses vertus sont plus grandes que ses défauts.

Pour dire toute ma pensée, je dois avouer
cependant que Hobbes dans son erreur, me

semble moins éloigné de la vérité que nos aveugles déclamateurs de fraternité.

Je crois, quant à moi, à ce frissonnement
craintif de Robinson quand, se promenant en
sécurité dans le désert de son île, il reconnaît
sur le sable le vestige d'un pas d'homme. Ici je
reconnais la vérité. C'est que les hommes se
redoutent à cause de leur faiblesse et de leur
misère; ils comprennent qu'ils doivent se craindre parce qu'ils se voient souvent réduits à
vivre aux dépens les uns des autres.

Il n'en est pas moins vrai que les hommes se
sont toujours réunis en société. On trouve donc
là une des vérités premières de leur intelligence. Cette intelligence leur découvre, de tout
temps, qu'en observant des lois de respect les
uns envers les autres, ils doivent trouver de
grands bénéfices à s'associer, à se réunir, pour
combattre avec plus de puissance l'immense
faiblesse où ils sont jetés par la nature.

La société, dans sa forme, peut beaucoup
varier. Les lois, les institutions qui la règlent

sont ouvertes à notre génie et à notre liberté. Rien n'est fixé, rien n'est nécessaire,
sauf le point même de se réunir en société.
C'est la différence essentielle qui se montre
entre les sociétés humaines et celles que forment
certaines espèces d'animaux gouvernés par un
instinct fixe, une loi invariable. Et c'est à
quoi, il me semble, l'homme reconnaît le plus
sa grandeur et sa liberté dans le monde. Pourquoi, seul, peut-il varier, choisir ses lois, ses
mœurs et même, dans une certaine mesure,
ses croyances et sa morale? Celui qui l'a créé
avait donc de grands desseins sur lui; il lui a
donc donné cette vie terrestre comme un exercice, comme une gymnastique de l'intelligence
et du vrai, pour le faire croître et grandir par
son propre effort, et pour le voir venir un jour
vers lui, par la voie toute divine de l'indépendance et du mérite : à peu près, il me semble,
comme une mère donne à son petit enfant
un espace à parcourir, au bout duquel elle l'attend les bras ouverts.

Cela est devenu une mode de notre temps que
de se plaindre du doute. J'en veux beaucoup à

cette vaine lamentation. Où serait votre liberté si vous n'aviez pas le doute ? A quoi reconnaîtriez-vous que vous n'avez pas une vie finie ici-bas, mais qu'elle vous est donnée pour mériter ou démériter, pour chercher et trouver, travailler et avancer, et qu'ainsi son terme appelle logiquement un jugement et un avenir. Puisque j'ai le doute en moi, c'est donc que cette existence n'est pas tout, c'est donc que je suis un exilé qui retrouvera sa vraie patrie s'il choisit un bon chemin, c'est donc enfin que je cours des chances immortelles. Cessons de nous plaindre du doute ; ce que nous trouvons de plus précieux dans les obscurités de notre raison, ce que nous devons saisir comme un héritier ses titres, ce sont ces doutes mêmes, fondements de toutes nos grandes espérances.

Cela prouve que l'homme ne doit pas se tenir dans le monde, inerte et immobile comme un désespéré. Il ne doit pas dire : Je suis dans cette vie pour souffrir et j'aime ma souffrance. Jamais, heureusement, l'humanité ne s'est laissée complètement aller à cet abandon d'elle - même. Les sociétés, dans une mesure qui a fait celle même de leur grandeur et de leur gloire, ont toujours cherché le bien, la civilisation, le progrès. Pour moi, j'aime à penser que ceux qui n'agissent pas, qui ne cherchent pas, font une prodigieuse injure à celui dont ils ont reçu leur intelligence, et que leur inertie, décorée du nom de résignation, leur fait courir de grands risques, si nous avons vraiment une tâche à faire et un dernier compte à rendre.

Sans vouloir étendre davantage cette profession de foi, je prie qu'on ne m'accuse point d'être matérialiste et athée. C'est une injure que l'on aime beaucoup, aujourd'hui, à jeter à ses adversaires. Il est étonnant qu'elle soit si usitée, et qu'elle ait tant de crédit dans une société qui s'est fait elle-même une si bonne réputation de matérialisme. Mais l'hypocrisie a toujours eu un suprême talent pour composer son vocabulaire; les hommes se gouvernent, dit-on, avec des mots.

Un matérialiste aura toujours assez de sens pour ne pas se fourvoyer à philosopher et à prêcher des nouveautés. Qui ne sait qu'on n'a pas vu beaucoup de novateurs couchés sur des lits de roses?

Le matérialiste prend une autre voie; c'est lui qu'on entend crier le plus haut : Vous troublez ma vie, semeur de révolutions et de changements; comptez, homme abominable, combien elles nous coûtent, ces révolutions. Certes, il faudrait être insensé pour aimer les révolutions en elles-mêmes. Mais pourtant, quand j'entends maudire outre mesure les révolutions et les révolutionnaires, je me demande dans quelles étables végéteraient les sociétés si elles n'avaient jamais éprouvé de révolutions. Je me demande aussi comment ces plaignants croient en Dieu, s'ils ne veulent absolument compter que les écus, et s'ils refusent si amèrement les risques de la liberté.

Je veux toujours respecter tous les droits sans exception. Je renierais et je combattrais mes plus chères doctrines, plutôt que de les voir imposées par la contrainte. Mais, je le déclare aussi, je regarderais comme aveugle, comme funeste et condamnée, une société qui

voudrait rejeter de son sein la liberté, sous le
prétexte qu'une grande part des hommes n'est
pas capable de discerner la vérité des erreurs
les plus nuisibles. Je dis prétexte, car je vois
bien ceux qui veulent se porter les tuteurs de
cette faiblesse de raison chez les autres, mais
je ne vois pas ceux qui s'en plaignent pour
eux-mêmes. Je dis prétexte, parce que Dieu
nous a donné la liberté, et ses nécessaires erreurs, pour notre épreuve à tous; jamais,
volontairement, nous ne devons laisser faire
ces vains usurpateurs qui prennent, je ne sais
où, le droit de nous refaire un autre monde
moral, rétréci au diamètre de leurs idées, ou
plutôt à celui de leur tyrannie.

Les adversaires du socialisme, et aussi beaucoup de ses faux et dangereux adeptes, ont
affecté de le considérer comme une nouvelle
répartition des richesses, comme contenant,
au fond et essentiellement, la condition d'un
nouveau partage des biens, c'est-à-dire une
spoliation des riches au profit des pauvres.

On est ainsi parvenu à imprimer, jusqu'à

un certain point, au socialisme, ce caractère
d'une spoliation et, au moins, à faire hésiter
devant lui la conscience publique ; car, cela est
remarquable, malgré toutes les déclamations
les plus vives, les plus outrées, on n'a pu amener l'opinion qu'à ce sentiment de doute et d'incertitude. Elle sent, malgré tout, elle devine,
par je ne sais quel instinct qui conduit les
peuples, que cette doctrine nouvelle, si elle
est encore obscure, contient cependant quelque chose qui n'est pas jugé, et qui dépasse
tous les raisonnements qu'on lui oppose. Toute
habileté et toute adresse oratoire ont cependant
été employées pour la combattre. La principale
de ces habiletés a été celle-ci, on lui dit : Ad-
mettons comme réalisable ce partage que vous
demandez, passons sur les violences et tous les
désordres qui accompagneraient une pareille
entreprise. Examinons seulement quelles seraient les conséquences sociales ; et alors on
lui démontre amplement, que ces conséquences seraient funestes, absurdes, insupppor-
tables, et que, même avec tout cela, elles ne
pourraient atteindre cette égalité de biens que
l'on suppose que les socialistes poursuivent.

Comment, ensuite, ne pas penser que le socialisme est bien réellement une loi agraire, un vrai pillage du patrimoine des riches. Que l'on ait bien ou mal raisonné, il n'en reste pas moins établi que c'est une spoliation qui est en question.

C'est ainsi, entre autres, que M. Guizot et M. Thiers ont raisonné, l'un dans sa brochure *De la Démocratie*, l'autre dans son livre sur *La Propriété*. Quand le premier dit que telle doctrine est une sauvage erreur qui ramènerait les hommes à la condition des animaux ; quand le second démontre la légitimité de la propriété, ils raisonnent l'un et l'autre très-juste, ils sont dans le vrai ; seulement, ils ne raisonnent pas contre le socialisme ; le socialisme ne leur soutient pas le contraire.

C'est trop d'habileté ou d'erreur, il faut revenir là-dessus. La question ne sera pas abandonnée, au moins avant d'avoir été posée comme elle doit l'être. Le socialisme ne veut rien, ne prétend rien, ne doit rien ôter à qui que ce soit. Vous n'avez pas besoin de lui prouver que la propriété est légitime et inviolable,

il la tient, hautement, expressément, pour
légitime et inviolable. Vous n'avez pas besoin
de prouver qu'une loi agraire ne serait qu'une
machination factieuse, un crime de lèse-civili-
sation. Il en est convaincu comme vous, il le
sait de science certaine.

Qu'est-ce donc que le socialisme, s'il n'est
pas ce vieux drapeau des factions et de la guerre
civile ?

Le socialisme est le problème que voici : Savoir si l'on ne peut pas proposer aux hommes
un moyen de rendre leurs richesses plus fécondes, leurs travaux plus faciles, leur société
plus efficace et plus heureuse ; en prenant d'ailleurs pour point de départ le respect de tout
droit, et sans ôter à qui que ce soit une seule
parcelle de son prétendu superflu.

Je vois, dans les économistes conservateurs,
que celui qui trouverait le moyen d'obtenir la
même somme de produits avec moins d'heures
de travail, celui-là aurait véritablement résolu
le problème d'agrandir et de moraliser les destinées humaines.

Je lis dans une des lettres de M. Bastiat à M. Proudhon : « Quelle qu'elle soit (la fin de « l'homme), ce qu'on peut dire, c'est qu'il ne « la peut atteindre si, courbé sous le joug d'un « travail inexorable et incessant, il ne lui reste « aucun loisir pour développer ses organes, ses « affections, son intelligence, le sens du beau, « ce qu'il y a de plus pur et de plus élevé dans « sa nature ; ce qui est en germe dans tous les « hommes, mais latent et inerte, faute de loisir « chez un trop grand nombre d'entre eux.

« Quelle est la puissance qui allégera, *pour* « *tous*, dans une *certaine* mesure, le fardeau de « la peine ? Qui abrégera les heures de travail ? « Qui desserrera les liens de ce joug pesant qui « courbe aujourd'hui vers la matière, non-seu- « lement les hommes, mais les femmes et les « enfants qui n'y semblaient pas destinés ? — « C'est le capital ; le capital qui, sous la forme « de roue, d'engrenage, de rail, de chute « d'eau, de poids, de voile, de rame, de char- « rue, prend à sa charge une grande partie de « l'œuvre primitivement accomplie aux dé- « pens de nos nerfs et de nos muscles. Le ca- « pital, etc. »

Cela est bien dit : Oui c'est le capital, ce sont les forces acquises, richesses et science, qui permettront ce grand progrès, cette grande évolution, dans la situation sociale des hommes. Mais ce ne sera pas le capital tout seul, de lui-même, par sa seule vertu. Il faut encore une certaine organisation du capital; organisation possible quand il y en aura assez d'acquis pour cela, et quand enfin il se trouvera distribué de manière à ne plus se refuser à cette entreprise [1].

Ce que demande M. Bastiat, c'est donc ce que se propose le socialisme. Il ne considère pas seulement la richesse matérielle, mais aussi d'autres avantages de liberté, de moralité, de lumières, qui ne doivent pas être moins chères aux hommes que la richesse, et qui, par une dure nécessité, n'en sont pas complètement indépendants; comme l'âme

---

[1] On sait déjà que les machines, cette activité du capital, ont tourné, il est vrai, à l'augmentation de la richesse et des produits, mais nullement à l'allégement du sort des travailleurs. Je note seulement ici cette question, qui est dans notre sujet, et que nous étudierons en son lieu.

elle-même n'a pas le privilége d'être complètement indépendante des besoins du corps.

Mais, s'écrie-t-on, le problème que vous
définissez est posé depuis le commencement du
monde ! Qu'y a-t-il de nouveau pour que la
question prenne un nom encore inconnu et
l'aspect révolutionnaire que vous lui donnez ?
L'expérience de tant de siècles n'a-t-elle pas
démontré la vanité et l'impuissance de cette
recherche. Et enfin votre socialisme ne se montre plus comme une simple étude ; c'est une
doctrine qui est devenue un parti, et un parti
qui prétend s'emparer du monde. Qu'y a-t-il
donc de nouveau ? Pourquoi aujourd'hui ?

Pourquoi aujourd'hui ? — Nous allons le
dire, mais qu'on veuille écarter toute irrita-
tion. Nous ne pouvons blesser aucun droit,
aucun intérêt légitime ; aucune croyance même,
si elle est sincère et ne déguise pas une tyrannie. Nous ne proposons qu'une doctrine de
liberté qui, par sa nature même, repousse
toute contrainte et n'accepte nulle autre base
que la conviction. Le socialisme procède, nous

l'avons déjà montré et nous le montrerons encore, des idées libérales elles-mêmes; il mentirait étrangement à son origine s'il pouvait arriver à la contrainte et à la spoliation.

Nous pouvons remarquer, en passant, que les chefs des idées libérales sont aujourd'hui rentrés sous leurs tentes, pendant que certains raisonneurs ne se font pas faute d'insulter, tout à leur aise, des drapeaux qui semblent ainsi abandonnés. Mais il n'est pas donné à ces turbulents zélateurs du despotisme, de se poser en adversaires des idées libérales. Le jour où elles auront à livrer leur dernière bataille, il faudra d'autres combattants.

Malheureusement, un fait, l'insurrection de juin, est venu mettre du sang sur ce nom de socialisme. Les insurgés ont caché leur crime sous ce grand mot; on n'avoue pas la révolte pour la révolte elle-même. Une politique, trop incertaine de ses principes, a conseillé à un parti, sinon de légitimer cette insurrection, au moins d'équivoquer à son sujet. Cette politique a été funeste. Des doctrines nouvelles

doivent, avant tout, veiller à ne pas servir de
manteau aux furieux et aux insensés, parce
qu'elles sont particulièrement exposées à ce
danger. Je tiens pour moi à le dire bien
haut, la société devait se défendre comme elle
s'est défendue. Elle n'eut jamais été assez mau-
dite, si elle se fût abandonnée à cette crûe de
barbarie. Je suis convaincu que si l'insurrection de juin eût triomphé seulement un jour,
le socialisme eût été entièrement perdu pour
nous. — C'est une grande cause de nos espérances, que de voir ainsi, dans notre pays,
rien ne pouvoir réussir et durer, à l'encontre
des idées libérales.

Pourquoi donc le socialisme? Pourquoi,
après avoir été un long rêve, est-il devenu une
chose possible et même nécessaire aujourd'hui?

Un fait nouveau, un fait immense, domine
et caractérise notre situation. Il est, à la fois,
et la cause qui nous sépare irrévocablement de
l'ancien ordre, et celle qui nous entraîne vers
de nouvelles formes sociales. Ici nous allons
résumer des idées émises dans notre premier

travail. Ce fait nouveau est la division, déjà si étendue et toujours plus grande, de la propriété. La destruction du droit d'aînesse et des autres droits aristocratiques qui en étaient les corollaires, a mis, dans notre société civile, un principe d'égalité qui se développe avec une extrême rapidité et qui, très-certainement, ne peut plus être arrêté.

Cette loi du partage égal des successions est, dans sa lente application, la véritable loi agraire; la loi agraire qui donne cette distri-bution du capital dont je parlais tout-à-l'heure comme de la seconde condition du socialisme : la première étant la formation même d'une somme suffisante de capitaux, et la dernière une certaine organisation ou un certain emploi de ces richesses acquises.

J'ai aussi examiné quelles seraient les conséquences de cette loi agraire, si nous étions simplement abandonnés à son cours naturel ; c'est-à-dire, si notre situation sociale ne recevait aucune organisation destinée à fonder un ordre nouveau. J'ai montré que ces consé-

quences, qui déjà nous pressent vivement, ne
pouvaient être que funestes, barbares, et
qu'elles contiennent nécessairement l'efface-
ment de nos lumières, de notre civilisation, de
nos richesses. Le socialisme, manifestation du
malaise que nous cause cette situation, est
donc bien plus une protestation contre la loi
agraire, qu'il n'est la loi agraire elle-même.
Ceci n'est, au reste, qu'une remarque sur laquelle nous devons revenir.

On proclame, de tous côtés, que notre situation est impossible, qu'elle n'est qu'une attente
et qu'il faut arriver à une *solution*. Mais si
quelque doctrine se présente pour résoudre le
problème, elle se voit aussitôt attaquée avec
une sorte de fureur; un examen n'est pas nécessaire pour la condamner, il suffit d'une cla-
meur de haro.

Il semble que tout dans notre société, nos
mœurs, nos habitudes, nos idées, nos lois,
il semble que tout cela soit immuable et sacré.
Que veulent dire ces déclamations? quel est
leur dernier mot? Croit-on, oui ou non, qu'il

y a quelque chose à faire? Est-il vrai que nous
n'avons plus aucun ordre social, aucune force
de résistance ou de stabilité? Ne veut-on pas
voir que si notre société n'atteint pas le terrain
solide de quelque ordre social, elle ne peut que
flotter, de révolutions en révolutions, vers une
inévitable décadence?

Ne faut-il pas reconnaître que la division des
classes (j'ai fait voir que cette division des
classes était précisément notre ancien ordre
social) a été, si je puis dire, tellement sub-
mergée par l'abolition du droit d'aînesse, qu'il
est tout-à-fait impossible de reconstruire cet
ancien ordre? La monarchie moderne était con-
tenue et garantie par cet ordre même, et c'est
elle aussi qui l'a ruiné, en usant, en détruisant la noblesse. Cette dernière, en disparais-
sant, engloutie dans une révolution, a laissé
aux prises la monarchie et la démocratie, le roi
et le peuple.

Depuis que la monarchie a ainsi manqué par
sa base, une noblesse, il a fallu, de toute nécessité, qu'elle entrât en lutte avec la démocra-

tie. Et dès-lors, l'alternative s'est trouvée ce qu'elle est encore aujourd'hui, socialisme ou despotisme. C'est-à-dire, non pas que l'une ou l'autre situation dût triompher immédiatement, mais seulement qu'entre ces deux termes, notre société ne peut trouver une assiette fixe, un ordre véritablement établi.

Enfin, pour m'appuyer sur une autorité considérable, j'ai montré que Montesquieu avait lui-même nettement indiqué ce résultat nécessaire.

Dans la lutte que je viens de dire, c'est le principe d'autorité, c'est la monarchie qui a éprouvé toutes les défaites. La monarchie a succombé une première fois, une seconde fois, une troisième fois, une quatrième fois! N'importe, l'erreur est toujours la même, c'est toujours une monarchie qu'il faut reconstruire. Quatre couronnes ont été brisées; empressons-nous d'en forger une cinquième, et tout sera sauvé.

Pourquoi donc cette erreur obstinée, et ce fanatisme infatigable pour avoir un roi, un pouvoir *fort et stable*, comme disent nos prétendus conservateurs? C'est, sans doute, qu'ils voient que la démocratie pure ne saurait être une situation définitive, et ne constitue pas un ordre social. Elle ne contient nul principe de résistance, nulle force de stabilité, pour s'opposer à la lutte des forces sociales, pour dominer les agitations civiles.

Oui, cela est vrai, notre situation est un problème posé et non un problème résolu. Mais la solution ne peut jamais être une monarchie; cela est encore plus certain. Les conditions d'une monarchie sont détruites, et il n'est pas de leur nature d'être suppléées par une page du *Moniteur*, serait-ce même une Charte.

Je ne reproduirai pas, à ce propos, des arguments que je crois avoir suffisamment développés dans ma première lettre. Ne voit-on pas, d'ailleurs, que cette alternative qui repousse une monarchie, qui ne comporte que le despotisme pur, ou un nouvel ordre social; ne voit-on pas qu'elle est, en effet, déjà acceptée, reconnue par les partis?

Ceux qui tendent vers l'autorité, vers le principe monarchique, n'y tendent-ils pas sans restriction, à quelque prix que ce soit, sous la seule condition de donner la bataille avec toutes les forces réunies de la réaction ; et de laisser ainsi le moins de chances possibles à ce qu'ils nomment la démagogie, le socialisme, l'ennemi public, *le monstre*. Ces exagérations sans honte ne sont au reste pas nouvelles ; Napoléon, vaincu, n'était-il pas un *ogre ?*

Les plus logiques ou les plus osés de ces partisans de la monarchie n'ont-ils pas ouvertement attaqué toutes les idées libérales, et si hardiment même, qu'il n'y a déjà plus rien d'audacieux à tenter dans cette voie. Ils ont raison : le libéralisme est en effet le père du monstre, et, comme nous l'avons déjà dit, entre le socialisme et le despotisme il n'y a plus rien, que cet état de lutte et d'attente où nous nous trouvons. Quand un ordre social, et non pas une loi, ne fixe plus les limites où s'étendra le pouvoir monarchique, on ne peut plus aller que de la démocratie au pouvoir absolu.

Ceux qui sont restés fidèles à la révolution et aux idées libérales se trouvent dans la même obligation d'abandonner les situations intermédiaires. Ils n'ont plus d'autre terrain à choisir que celui du socialisme. Quoi qu'on fasse, ces situations intermédiaires s'effacent de plus en plus et deviendront promptement inintelligibles.

On voit donc déjà s'accuser dans les faits l'alternative du socialisme et du despotisme : une *ère des Césars* pour descendre les degrés d'un bas-empire, ou une nouvelle organisation sociale pour continuer le progrès et développer les destinées de la civilisation.

Ce qu'on oppose le plus obstinément, et je dirai aussi le plus fortement à ces espérances d'avenir, c'est l'exemple et l'enseignement du passé.

On dit : les plus grandes sociétés anciennes se sont arrêtées où nous sommes. Elles n'ont pas atteint cette organisation plus heureuse qui est restée dans les rêves de leurs philosophes.

Où elles ont échoué nous échouerons; là est la limite des facultés humaines. Elles ont atteint la richesse et les lumières pour une classe supérieure; elles ont développé la civilisation dans cette limite, et puis elles se sont évanouies, elles sont mortes.

L'humanité peut-elle aller plus loin? peut-elle arriver à la richesse et aux lumières pour tous? Et enfin, me voilà revenu à notre question : peut-elle essayer cela dès aujourd'hui?

On peut voir, d'abord, que cette raison du passé est clairement mauvaise. Nous ne sommes pas dans la situation de ces sociétés anciennes, même prises à l'époque de leur plus grande prospérité. D'une part, nos richesses sont infiniment plus grandes, et cela est le résultat nécessaire de l'abolition de l'esclavage. La richesse ancienne était produite par l'esclavage, la richesse moderne est produite par le travail libre; et il y a précisément autant de différence entre l'une et l'autre, qu'il s'en trouve entre la valeur du travail esclave et la valeur du travail libre.

Ainsi a été acquise cette somme de richesses qui sera, avons-nous dit, la première condition du socialisme.

Mais il est encore un autre, et je puis dire plus importante différence à signaler. L'objet de cette seconde différence, c'est la conquête de notre révolution, l'égalité civile. Non pas l'égalité chrétienne, devant Dieu, mais une égalité ici-bas ; une égalité non établie par la violence, mais tout simplement l'égalité donnée par le code civil.

Avec cette loi nous sommes arrivés à l'immense division de la propriété que nous avons déjà et qui nous mène à grands pas au but et aux conséquences que j'ai indiqués dans ma première lettre. Telle est la seconde condition du socialisme, celle que j'ai nommée : une certaine distribution des richesses acquises.

Voilà, dans nos moyens, dans nos lois, dans nos forces, ce qui nous sépare des sociétés anciennes ; et en même temps ce qui nous élève au-dessus de l'obstacle où se sont arrêtées ces sociétés dont on nous oppose l'exemple.

Deux des conditions que j'ai demandées sont donc acquises. D'abord, l'accumulation par la société d'une masse suffisante de capitaux ; ensuite, une certaine situation de ce capital même.

La troisième et dernière condition, ce que j'ai nommé un certain emploi, une certaine organisation du capital, est ce qui reste à établir ; c'est la formule socialiste.

Nous devons, en ce moment, nous contenter d'affirmer que tout le socialisme est contenu dans la division de la propriété, et qu'on ne doit pas chercher sa raison d'être ailleurs que dans le code civil. Nous renvoyons au chapitre suivant l'exposition de la formule.

Je m'adresse maintenant à ceux qui ont espéré de trouver le socialisme ailleurs que dans la division de la propriété.

Si cela n'était pas vrai, que le socialisme est

dans les nouveaux principes introduits dans
notre code, il faudrait donc dire que l'humanité s'est trompée de voie pendant des siècles.
Elle aurait donc vécu à côté d'un trésor sans
jamais le saisir. Est-il possible de croire que
l'humanité marche ainsi au hasard, au bien ou
au mal indifféremment, sans que rien la di-
rige? Si nulle conscience, nulle loi, nul en-
chaînement de conditions ne la conduisent,
quelle raison nous reste-t-il, à nous socialistes,
pour croire au progrès et à l'avenir? Non, cela
choque trop la conscience, cela serait trop
dur, trop impie à croire; non, l'humanité si
elle a marché lentement, n'a pourtant point
erré au hasard. Ce ne saurait être au hasard,
sans loi, sans Dieu, qu'elle se trouve où elle
est aujourd'hui. Elle a lentement développé ses
forces, elle a failli, tantôt ici et tantôt là; mais
elle a toujours marché en avant, du mal au
mieux, du dénuement au capital, de l'oppression à la liberté, de l'ombre à la lumière; elle
l'a fait par de lentes évolutions, et l'on peut
dire, comme il convenait à sa grandeur et à sa
durée.

Je suis amené ici à un point important, périlleux presque, et sur lequel je veux particulièrement insister. Il est, au reste, une conséquence de ce que nous venons de dire.

Je vois que les chefs d'écoles socialistes appellent à leurs systèmes ceux qui n'ont rien, les prolétaires. C'est avec eux, c'est pour eux et par eux qu'ils prétendent établir le socialisme.

On peut affirmer que c'est une erreur capitale, une erreur insurmontable. Mettre le socialisme sur cette voie, c'est le placer dans un impasse, c'est ignorer sa raison d'être et ses plus nécessaires conditions. C'est en outre, cela n'est pas inutile à dire, ce qui a le plus contribué à ôter à ces doctrines nouvelles leur caractère généreux et sincère, pour y substituer celui d'un levier révolutionnaire, bon, dans la main des factieux, à renverser le pouvoir, comme une ville qu'on essaie d'emporter d'assaut.

Le socialisme ne peut être commencé par ceux qui n'ont rien. Et la raison, c'est que le

socialisme est essentiellement une formule d'association, ayant pour but de développer l'effi-
cacité des richesses acquises, pour arriver au
bien-être, au loisir, à la richesse et à la civilisation pour tous. Or, quelque scientifique ou
ingénieuse que puisse être une formule, il est
trop clair qu'il n'y a rien à obtenir en addition-
nant zéro avec zéro.

Est-ce qu'il n'est pas, d'ailleurs, simple, naturel, satisfaisant, de penser que le socialisme,
pour être une évolution logique dans la marche
de la société, doit procéder des capitaux, des
droits et du savoir déjà acquis? Qu'en un mot,
il doit mettre à profit les travaux antérieurs?
Alors seulement on a la raison de ce fait, que
les civilisations anciennes n'ont jamais pu atteindre le socialisme. Alors, on comprend pourquoi ce qui a été un rêve peut être devenu une
chose accessible. — Enfin, et pour spécifier un
point spécial du passé, n'est-il pas simple et
naturel de penser que la révolution française,
en établissant l'égalité politique, et surtout l'é-
galité civile, a ouvert la voie au socialisme; et
que, si nous aimons cette révolution, si nous di-

sons qu'elle nous a donné de grandes choses, nous savons aussi pourquoi nous l'aimons et quelles sont les grandes choses qu'elle nous a données.

Si nous étions dans une situation qui n'offrirait que des riches et des pauvres et qui reposerait encore sur la division des classes, je resterais convaincu, quant à moi, que le moment n'est pas venu de proposer une formule socialiste. Aux riches, qu'y aurait-il à offrir ? Ils auraient tout. Les pauvres, que pourraient-ils faire ? Des révolutions, tout au plus, mais non pas essayer un nouvel ordre social. L'instrument nécessaire de leur travail étant dans la main des riches, non-seulement ils n'auraient pas de capitaux à faire fructifier, mais ils n'auraient même pas la liberté. Ils seraient dans cette situation où le produit du travail, en ce qui excède les frais, la subsistance du travailleur, s'en va nécessairement aux propriétaires du capital. Est-ce qu'on n'a pas reconnu cette loi que le travail seul, en concurrence avec le capital, ne produit, en règle générale, sauf des phénomènes d'activité et d'économie, que la subsistance du travailleur ? Si nous avons aujourd'hui la division de la propriété, quelqu'un pense-t-il à dire qu'elle est le produit de l'épargne? L'épargne eût-elle remplacé la révolution française?

Si le travail des pauvres n'avait pas pour fin sociale la richesse des riches; si les capitaux à amasser étaient une condition des progrès futurs; cette dure loi que nous venons de signaler n'a pas été elle-même étrangère au progrès. Car si elle n'eût pas pesé sur nous, les travailleurs eussent plus consommé, la société eût moins épargné, et ainsi, s'il fallait au socialisme, au progrès, une certaine somme de capitaux (ce que les économistes croient avec nous), la société fût moins vite arrivée à ce point de la délivrance.

Après que ces richesses nécessaires ont été créées, accumulées par le labeur des siècles, il fallait encore qu'elles fussent divisées par un partage qui fît le moins de perte possible, ce qu'on n'aurait pu attendre d'une loi agraire qui eût détruit en prétendant partager.

Cette division a été donnée par la révolution,

qui s'est incarnée, comme je l'ai dit ailleurs, dans le Code civil. Cette division a fait, en un demi-siècle, qu'une multitude de gens ont, aujourd'hui, cette part de capital qui est nécessaire pour entrer dans une association socialiste. J'ajoute qu'elle a fait tout ce qu'il y avait de mieux à faire, pour amener successivement tous les membres de notre société à cette égalité et à cette part de propriété que nous préciserons plus loin.

Les idées libérales ont d'abord donné la révolution. La révolution nous a donné la division de la propriété. La division de la propriété donnera le socialisme. Nous affirmons que le socialisme est dans la division de la propriété; il ne peut être que là, s'il y a une certaine logique, une certaine Providence dans la marche des civilisations.

Je crois, en parlant ainsi, placer le socialisme plus haut qu'on ne l'a encore fait. Je crois le placer sur sa base inébranlable. Je crois aussi montrer que sa vraie voie lui est largement ouverte, et qu'il faudrait être un

insensé, un furieux, pour se refuser à entrer
dans cette voie et lui préférer les issues vio-
lentes, injustes, impossibles.

Nous avons donc répondu à la question de
dire quelles sont les raisons qui nous font
croire que le socialisme est possible aujour-
d'hui.

Quant à savoir si ces conditions suffisent,
c'est ce que nous avons à prouver.

Pourtant, il est encore une autre condition :
c'est que les idées libérales ne soient pas écra-
sées sous le despotisme. La division de la propriété a tout fait pour le socialisme ; mais elle
a beaucoup fait aussi pour le despotisme, en
nivelant les forces et les résistances particulières. Voilà pourquoi la dernière bataille de la
liberté pourrait être la plus difficile.

Avant de terminer ces observations préliminaires, je veux encore dire quelque chose d'une
certaine théorie du progrès et d'un certain
parti de libéraux. Ces libéraux veulent le progrès, mais ils nient qu'il y ait un plan à faire,

une formule à trouver. Ils veulent ce qu'ils
nomment le *progrès insensible et continu*. Ils
sentent, eux aussi, que notre société cherche
quelque chose, un centre de gravité, un ordre,
une organisation; mais si on leur demande
ce qu'il faudrait, ils vous parlent d'une loi
pour la révision de l'impôt, d'une loi de dé-
frichement, d'une loi sur la réforme hypothé-
caire (pour celle-ci, la voilà bientôt faite), etc. Si
c'est là le progrès, je dois dire que je ne suis pas
partisan du progrès. En fait de lois, le bénéfice
de la fixité me touche plus volontiers que celui
du perfectionnement. Ce progrès continu me
semble être la théorie de l'agitation perpétuelle
et rien de plus.

On ne doit pas, il me semble, toucher facilement aux lois, ni autrement que pour un
grand intérêt. Il faut avoir un certain ordre
social, ou à fonder, ou à conserver. Je demande
à ceux qui sont les partisans du progrès continu, quel est l'ordre social qu'ils édifient ou
qu'ils réparent.

Non, sans doute, il ne faut pas prétendre

tout faire d'un seul coup. Certainement il faut
se ployer à une sage lenteur, mais c'est là une
maxime de la sagesse dont, je le crois, ils ne
savent pas l'usage.

Soyez patients dans l'exécution, mais n'a-
vancez pas dans votre œuvre sans avoir un plan
déterminé. Pense-t-on que ce sera par hasard
et tout seul, que se constituera l'ordre social
qui nous manque? Si vous prétendez que nous
en avons un, montrez-nous quel il est, et comment s'y rapportent vos conceptions particulières; alors, en effet, il sera prouvé qu'une
formule est superflue, chimérique. Dans tous
les cas, il faut une tâche au bout de laquelle
soit le repos. Les sociétés ne sont pas condamnées à vivre toujours dans l'état d'agitation où
nous sommes. Les grandes époques de leur
prospérité n'ont-elles pas été celles où elles ont
pu vivre en paix, dans un ordre social fortement établi, et que nul parti ne s'essayait à
renverser?

Enfin, nous pensons que c'est abuser du
mot progrès, que de l'appliquer à des lois

utiles mais accessoires; on doit le réserver à ces
rares évolutions, à ces grands faits qui font
passer les sociétés, d'une situation générale à
une autre plus grande et plus heureuse.

Il ne faut donc une formule que s'il y a un
ordre social à fonder. Aussi notre première
tâche a été de prouver, qu'en effet, aucune
constitution sociale n'avait remplacé celle qui
fut détruite par la révolution. Nous croyons
avoir établi assez clairement cette vérité; nous
croyons l'avoir montrée dans les faits, et l'a-
voir en quelque sorte touchée du doigt dans
toute notre histoire révolutionnaire.

Cependant, nous avons des conservateurs;
mais, dans leur conduite même, on reconnaît
cette absence d'un ordre social. Sont-ils plus
occupés à conserver que les révolutionnaires
eux-mêmes? en aucune façon. Ils ne désirent
pas moins des changements; seulement, ils
veulent aller à reculons quand leurs adversaires
se précipitent en avant. Ils voudraient refaire
le passé; autant vaudrait entreprendre de ra-
nimer, de replanter et de voir vivre encore

l'arbre que la cognée a jeté sur le sol, qui a été scié, dépécé, mis en poutres et en fagots.

Le passé est détruit irrévocablement, et le présent attend, dans ses révolutions, une organisation qui lui donne la prospérité et le repos.

Il y a, dans le mot progrès, une idée fort abstraite, que nous voudrions pouvoir dégager clairement. Les hommes ne sont pas perfectibles par les institutions; cela est certain. Nous ne croyons pas valoir mieux que les anciens Grecs, les anciens Persans, les anciens Romains [1]. En effet, s'il y a un Dieu et un jugement, nous avons nécessairement une conscience invariable dans sa règle et dans sa nature. Quel législateur aurait le pouvoir de modifier ce que nous croyons que Dieu a ré-

[1] Je crois que je me serais fort accommodé de vivre à Thèbes, à Memphis, à Babylone..... Je ne pense pas que ces peuples, privés d'une partie de nos arts et des superfluités de notre commerce, aient été par là plus à plaindre. C'est de ce côté là, je crois, qu'on peut bien dire qu'il est presque impossible aux hommes de s'élever au-dessus de l'instinct de la nature. Elle fait nos âmes aussi grandes qu'elles peuvent le devenir.

(VAUVENARGUES. *Caractère des différents siècles.*)

sérvé à son seul jugement ? Évidemment nous
ne pouvons croire que notre conscience, que
notre responsabilité, que notre force morale,
soient choses que nous tenons, plus ou moins,
de nos semblables, ou que nous puissions changer nous-mêmes. Mais alors, qu'est-ce que le
progrès des institutions humaines, quand
l'âme de l'homme est elle-même immuable, et
s'élève toujours au-dessus de ces institutions?

Dans les sociétés longtemps immobiles,
toutes les lois, toutes les prescriptions, soit
des codes, soit des mœurs, vont toujours en
s'étendant de plus en plus; elles arrivent enfin
à supprimer presque entièrement la liberté et
l'initiative de la conscience. Par cette lente
usurpation, l'homme se trouve amené à être
trop exclusivement enfermé dans cette vie terrestre. A ce point de vue, la stabilité indéfinie
est un véritable vice (je ne dis pas que ce soit
celui qui nous menace). La liberté et le doute
qui la suit, doivent toujours assez exister pour
nous rappeler incessamment cette expectative
d'une autre vie et d'un dernier jugement au-
delà de la mort. Ces considérations ramènent

le progrès à n'être qu'un retour à des conditions nécessaires et peu à peu perdues, quand
la lettre a tué l'esprit, quand on est arrivé à
ce qu'on nomme du nom expressif de formes
mortes.

Alfiéri, je crois, se sert de cette métaphore :
la plante homme. Si l'on veut me permettre de
l'employer aussi, je dirai que c'est une plante
qui pour pousser haut a besoin d'être aérée
d'indépendance.

Nous entrevoyons encore une autre cause de
changements dans les formes sociales, plus
digne du mot progrès, ou au moins plus méri-
toire pour nous.

Après la conscience que Dieu a réservée à
son seul jugement, nous avons un autre don
divin, l'intelligence. Celui-là nous pouvons le
développer, l'agrandir. Mais la culture de l'intelligence demande un certain affranchissement
du travail matériel. Ce que les sociétés peuvent
donc conquérir de meilleur, c'est un soulagement à cette loi du travail qui courbe sous un

poids si lourd tant de déshérités; c'est un progrès qui donne aux uns la dignité des lumières, du savoir, du loisir; et qui ôte aux autres, plus heureux, ce spectacle funeste d'une si grande différence dans les conditions humaines.

Dieu a dit à l'homme : Tu travailleras ; je ne crois pas que ce soit là une condamnation, mais, si c'en est une, ne l'empirons pas !

FORMULE.

Formule.

La formule que je veux proposer est fondée, comme je l'ai dit, sur la division de la propriété: la division donnée par le code civil.

Il s'agit d'un changement profond dans les mœurs et je n'entends rien dissimuler. Depuis plus d'un demi-siècle nous avons fait dans la

politique toutes les expériences possibles. On a
tout essayé et rien n'a réussi. On demandait à la
politique ce qu'elle ne saurait contenir. On lui
demandait une force de résistance, un principe
de stabilité; or, cela n'est pas moins qu'un
ordre social, et telle ou telle forme donnée au
pouvoir ne pouvait jamais rien faire à la fonda-
tion d'un ordre social.

Laissez donc, si vous êtes sincères, les expériences épuisées et certainement inutiles de la
politique. C'est sur un autre terrain, c'est dans
les mœurs qu'il faut porter la hache ou la char-
rue. C'est là que se trouve la tâche à accomplir.
Nous ne croyons plus qu'il soit besoin de démontrer que la question est toute sociale et
qu'elle échappe aux formes politiques.

Il y a eu assez d'avertissements, nos mœurs
ont été assez souvent, et par assez de voix, examinées, dénoncées, condamnées. Cependant, le
jour où tous ces débris devront être remués et
secoués au vent, il se rencontrera, sans doute,
bien des gens pour trouver mauvais que la pous-
sière soit séparée du bon grain. Ils seront bien

libres de refuser tout changement, mais voudront-ils permettre à leurs voisins de faire autrement qu'eux?

Si nous n'avons plus d'ordre social, si la division de la propriété est le centre même de notre
situation révolutionnaire et de la souffrance où
se trouvent toutes nos institutions, si d'ailleurs ces nouveaux droits sont irrévocables, ce
n'est donc que par une organisation puisée dans
la division de la propriété que l'on peut fonder
l'ordre social qui nous manque.

Quand bien même le passé ne serait pas impossible et épuisé, je crois que la conscience
humaine se refuserait encore à recommencer
une carrière déjà parcourue, et qu'elle éprouve
profondément le besoin et le désir d'employer
les forces acquises, les résultats obtenus, à tenter des voies nouvelles et de plus grandes entreprises. Rien n'a prouvé qu'on ne peut trouver
cet ordre nouveau, qui fera de la division de la
propriété, non une cause de ruine et de décadence, ce qu'elle est aujourd'hui en sa qualité
de loi agraire, mais au contraire la conquête la

meilleure et le plus grand progrès qu'ait encore
accomplis l'humanité.

Rien n'a prouvé que ce problème d'un affranchissement général de la misère n'avait aucune
solution possible et praticable, même dès cette
heure, avec tous les moyens et toutes les forces
qui sont aujourd'hui à notre disposition. Cela
n'a pas été prouvé, et, au contraire, la conscience
publique se montre toute pénétrée de ces espérances. Elles n'auront point été vaines; cette
foi, bien qu'elle ne soit encore appuyée que sur
des fondements obscurs, verra, nous le croyons,
le jour de son triomphe.

Cette égalité de la richesse pour tous com-
portera un certain communisme. Lorsque j'écris
le mot de *communisme*, je crois en avoir assez
dit pour qu'on ne pense pas qu'il s'agisse d'aucune spoliation, d'aucun partage. Je condamne,
autant que quelque conservateur que ce soit,
cette brutale irruption de ceux qui n'ont pas
dans le domaine de ceux qui ont. Je sais que ce
ne serait là qu'un grand cataclysme de la civilisation, auquel, je l'espère, notre riche et

puissante société n'est pas encore réservée.

Cependant, on prétend arrêter les tentatives socialistes par ces cruelles accusations. On va prendre pour texte des paroles d'extravagants ; comme si toutes les causes, et principalement les causes nouvelles, n'étaient pas soumises au malheur de traîner des extravagants et des furieux à leur suite. Mais, ayons courage, et nous ne serons la proie des furieux d'aucun parti. La liberté passera, sans laisser le crime ou la stupidité s'attacher au pan de sa robe pour s'introduire avec elle. Les principes de raison et de justice ne seront point des étendards abandonnés et foulés aux pieds sur le champ de bataille : pour emprunter une expression sortie d'une bouche éloquente, on peut espérer qu'il fait trop grand jour pour cela.

On a souvent examiné ce qu'une loi agraire, pratiquée actuellement, donnerait à chaque individu. Je ne sais quelle est l'exactitude des chiffres qui servent de base à ces calculs ; mais on a, dans tous les cas, commis une erreur que j'ai besoin d'expliquer.

Voici le simple calcul que l'on fait : le capital
social est d'environ cent milliards pour la propriété foncière, et de trente-deux milliards
pour la propriété mobilière, en tout cent trente-
deux milliards. Il y a, en France, trente-deux
millions d'individus; cent trente-deux milliards, divisés par trente-deux millions, cela
donne un dividende de 4125 fr. pour chacun.
Voilà la misère universelle que nous donnerait
le partage ou le communisme [1]. Il n'est pas besoin d'exagérer le vice d'une loi agraire, pour
démontrer combien c'est une condamnable
doctrine. Et cependant, ce partage est celui
même où nous mène rapidement notre loi des
successions. En examinant, dans notre première lettre, les conséquences où nous conduit
cette loi, la destruction de tout principe de stabilité, point déjà acquis, l'extinction de toute
lumière et de toute civilisation; en examinant
ces conséquences, il en est une, des plus absurdes et des plus impossibles, que nous n'a-
vons point signalée : c'est que cette loi, en nous

[1] Je ne sais, d'ailleurs, pourquoi l'on confond si souvent les
mots *partage* et *communisme*, qui me semblent des termes
opposés plutôt que synonimes.

amenant à ne plus connaître d'autre propriété que celle que j'ai nommée *possession*, commet une erreur capitale en donnant ce *quantum*, indistinctement, aux hommes, aux femmes et aux enfants.

N'est-il pas clair que si l'on devait en venir à cette égalité, soit simplement par la loi des successions, soit par un partage immédiat, au moins il ne pourrait y avoir de possesseurs que les hommes faits, la terre devant se trouver inutile et perdue dans la main des femmes et des enfants. Le travail de la production est essentiellement accompli par les hommes. Si les femmes et les enfants y coopèrent, ce n'est d'abord, on le reconnaît, qu'une déviation, un vice de nos mœurs ; mais ensuite ce travail n'est toujours que l'accessoire de celui des hommes et n'en peut être séparé. Si donc on devait en venir à l'égalité des partages, il faudrait, pour mettre quelque raison dans ce système, ne faire de parts qu'aux vrais travailleurs, aux têtes viriles. Puisqu'une loi agraire n'est autre chose que la suppression des riches et ainsi l'obligation, pour tous, de cultiver

chacun sa part, il est évident qu'une telle loi
doit accorder aux femmes et aux enfants certains droits, certaines garanties, mais qu'elle
ne peut mettre dans leurs mains un lot de terre
à cultiver.

On ne doit donc pas dire que, si nous sommes une population de trente-deux millions,
la part afférente à chacun est un trente-deux-
millionième du capital général. Il faut d'abord
écarter la moitié du chiffre pour les femmes. Il
reste seize millions du sexe masculin. De ce
nombre, il faut encore retrancher la moitié
pour les enfants, les vieillards et les invalides.
C'est donc seulement le quart de la population,
environ huit millions de têtes, qui pourraient
être appelées au partage.

On peut dire encore que l'unité sociale n'est
pas l'individu seul, mais l'homme entouré
de sa femme et de ses enfants.

Je ne fais pas ce calcul, certes, pour rendre
plus favorable la doctrine d'une loi agraire.
Huit millions ou trente-deux millions, si la ri-

chesse pouvait être ainsi partagée, ce n'en serait pas moins une ruine inexprimable de la
civilisation, et la doctrine d'une loi agraire n'en
devrait pas être moins détestée.

Mais voici où j'en veux venir. La division de
la propriété est un fait assez avancé pour que
beaucoup de gens aient aujourd'hui la part
même qui leur serait faite par un partage général. Si cette loi de l'égalité civile fait une situation qui soit bonne, utile, de laquelle enfin
doive sortir le progrès, on peut donc essayer,
dès à présent, s'il n'est pas possible de s'organiser sur cette base de l'égalité des biens. Il n'y
a, pour cela, de violence à faire à personne,
puisque, d'un côté, une foule de gens sont
déjà dans cette situation, et que, d'un autre
côté, notre loi des successions nous amène
tous, dans un temps donné, et aussi promptement qu'il est nécessaire, à l'égalité de fortune que nous ferait une véritable loi agraire.

La formule que nous allons exposer prenant
pour base la division de la propriété, j'ai besoin de préciser, non avec une exactitude par-

faite, mais seulement par à peu près, quel est
ce *quantum* que donnerait, par chaque unité,
par chaque tête virile, la division de la propriété amenée à son dernier terme, ayant accompli une entière évolution.

J'ai déjà trouvé, par le calcul rapporté plus
haut, que cette part, que nous nommons *part
virile*, n'était pas le trente-deux-millionième,
mais le huit-millionième du capital général ;
soit seize mille cinq cents francs.

Il y aurait d'autres manières de faire cette
évaluation. Ainsi, il y a en France de la terre
pour tous les bras, sinon davantage ; donc, dans
un partage, chaque homme aurait, au minimum,
ce qu'il est capable de cultiver. En faisant l'esti-
mation de ce que vaut la portion du sol que peut
cultiver un homme, on voit qu'elle est d'environ
dix ou douze mille francs ; et en ajoutant un
prorata de la fortune mobilière, on retrouve ce
chiffre d'environ seize mille francs donné par
la statistique.

On peut dire encore que tout le monde étant

nourri et entretenu, selon une moyenne qui va au moins à sept cents francs par tête virile ou famille, cela suppose, dans la richesse générale, au moins autant de fois douze mille francs, pour l'ensemble des biens fonds, que le pays contient de fois cette unité sociale.

Je n'insiste pas davantage sur ces calculs; on verra comment la formule que je vais donner renferme elle-même une règle sûre pour déterminer ce *quantum*. Nous dirons d'ailleurs plus tard en quoi et dans quelle mesure il a besoin d'être déterminé.

Je suppose cent cinquante hommes, ayant chacun, pour toute fortune, environ seize mille francs.

Ils se sont dits, qu'isolés, chacun d'eux ne pouvait vivre que pauvrement avec ce fragment de patrimoine, et que cependant la chance de faire fortune ne pouvait se réaliser que pour le plus petit nombre (sans mettre ici en compte ce que le moraliste et l'homme d'État ont à dire d'une concurrence désordonnée pour atteindre la fortune). Ils ont pensé qu'en réunissant leurs ressources et leurs efforts, en donnant à leur association une règle judicieuse, ils pourraient, par les bénéfices de cette association, rendre leur existence plus aisée et plus heureuse. Ils forment l'association que nous allons exposer.

C'est une exploitation agricole qu'ils veulent tenter, ils achètent en commun un domaine d'une étendue suffisante.

La première règle qu'ils se sont posée, c'est qu'ils seront eux-mêmes les seuls travailleurs de leur fonds; parce qu'ils ne sont pas assez riches pour espérer de faire produire à leur propriété, et leurs propres dépenses, et le salaire des travailleurs qu'ils prendraient à leurs gages; parce que, surtout, ils espèrent fonder un genre de vie suffisamment libérale, et n'ayant pas pour conséquence de diviser la société en deux classes superposées, au-dessous les travailleurs, au-dessus ceux qui sont affranchis du travail matériel; enfin, pour d'autres considérations qui vont se développer successivement.

Je vais d'abord m'arrêter à la question de travail, de forces ou d'économie, c'est-à-dire aux bénéfices matériels que pourrait donner l'association.

Avant tout, on m'accordera que, dans ces conditions de fortune, ces associés peuvent facilement vivre de leur travail ; et que l'entreprise, sous ce rapport, n'offre point d'impossibilité. Car, indépendamment des économies que nous allons examiner, il est clair qu'ils doivent avoir pour produits, au moins la moyenne générale. Je suppose que le travail est accompli ; je ne tiens pas cela pour une chose prouvée, c'est seulement mon hypothèse.

1° Dans l'état actuel de la société, il y a une grande quantité de gens qui ne travaillent pas ; et cependant ils vivent, ils consomment comme les autres. Il y en a aussi beaucoup qui se livrent à des occupations ou à des professions ne fournissant rien à la production, c'est-à-dire inutiles, ou au moins n'ayant d'utilité qu'eu égard à un certain état, mauvais, défectueux, de la société. Je ne cite pas d'exemples ; je

crois qu'ils se présenteront abondamment à
l'esprit du lecteur. Enfin, il ya encore beaucoup de gens qui s'emploient à un genre de
travail utile en lui-même, mais leur travail,
à eux, est presque improductif, ou parce qu'il
est inintelligent, ou parce qu'il est iso'⁄ ' mal
réglé ; en un mot, parce qu'il s'accon.   ıs
de mauvaises conditions.

Quelle est la somme totale des forces qui sont
ainsi perdues par les trois causes que je viens
de dire? Je ne poserai pas un chiffre absolu,
mais il me semble évident que nous n'exagé-
rerons point, en estimant ce total de forces perdues pour la société, au quart au moins de la
force générale.

Si donc vous avez la société que je suppose,
une société où tous travaillent, et où le travail
d'aucun n'est perdu pour n'avoir pas été mis
en rapport avec le travail général, vous aurez
pour cette société un bénéfice net d'un quart ;
c'est-à-dire que les travailleurs auront, pour
arriver à une même proportion de richesses,
un quart moins à travailler, ou qu'une même

somme de travail produira un quart plus. En résumé, cette société sera d'un quart plus riche que la nôtre.

2° Dans notre organisation sociale il y a une borne, une limite où vient s'arrêter le progrès de l'agriculture. Elle ne peut aller plus loin parce qu'elle arrive à un équilibre des forces employées et du résultat obtenu. Examinons.

Il y a trois situations par rapport à la propriété, ce sont : la richesse, la pauvreté, et cet état intermédiaire que j'ai nommé la *possession*. Cela donne deux situations générales par rapport au travail agricole : ceux qui travaillent le fonds d'autrui, ceux qui travaillent leur propre bien.

Les riches ne travaillent pas eux-mêmes ; tout ce qu'ils possèdent est exploité par les pauvres, au prix d'un certain salaire. Ce travailleur salarié ne met pas, à sa tâche, toutes ses forces, toute son application. Il n'emploie pas tous ses soins à obtenir une plus grande somme de produits, parce que la question d'une plus grande somme de produits ne le touche point, ou ne le touche pas assez directement. Ce salarié travaille lentement, négligemment, mal; tous ceux qui ont habité la campagne savent cela *de visu*. Le sentiment de ce travailleur est, en général, de donner le moins qu'il peut pour le salaire qu'il reçoit. Un autre sentiment serait une rare vertu, c'est-à-dire une exception. Le salariat ne donne donc qu'un travail qui a plus d'apparence que de réalité, qui est nécessairement sans zèle, sans application.

Il faut encore ajouter que l'homme de cette condition est sans instruction, et l'on ne peut compter pour peu, dans le travailleur, l'activité et l'intelligence que lui donnent une suffisante part d'instruction. Un esprit inculte, rempli d'ignorance, est une cause d'inertie et de mauvaise volonté.

Je viens à ceux qui cultivent leur propre fonds. Ceux-là, on ne peut le nier, mettent à leurs travaux une beaucoup plus grande énergie que les autres, et l'on sait aussi qu'ils produisent, proportionnellement, beaucoup plus.

Cependant, ils sont dans la situation la plus mauvaise sous le rapport des capitaux, du crédit, des instruments de travail, de l'économie en un mot. La science a démontré les avantages économiques de la grande exploitation, sur cette petite culture des possesseurs. Il est proclamé que le morcellement est le fléau de notre agriculture. Si donc les possesseurs, malgré la pauvreté de leurs ressources et l'isolement de leurs efforts, produisent néanmoins plus que les salariés, cela est la preuve éclatante que le travail propriétaire est beaucoup meilleur, beaucoup plus productif que le travail salarié.

C'est une vérité acquise, que le travail de l'homme libre est bien plus profitable que celui de l'homme esclave. Dans les pays où l'esclavage existe encore, et où la société n'est pas en décadence, aux États-Unis, aux colonies, on a reconnu que le travail de l'homme libre est essentiellement plus productif que celui de l'esclave, et qu'il y a économie à l'employer de préférence, quoique le travail de l'ouvrier libre soit beaucoup plus cher que celui de l'esclave. Ce n'est même que parce que les

capitaux esclaves existent et sont là, en grandes
masses, que l'on continue de les employer encore; comme on subit la nécessité de se servir, dans l'industrie, de machines mauvaises
et fort dispendieuses, faute d'être assez riche
pour les sacrifier ou les échanger contre d'autres d'un bien préférable emploi.

Le monde romain a fini d'épuisement et de
misère. Il a laissé son univers presque inculte,
presque désert. Cela est arrivé parce que les
Romains avaient réduit les nations entières à
l'esclavage, et qu'il n'y avait plus d'autres travailleurs que les esclaves. Ainsi on vit aboutir,
en quelque sorte au néant, la vraie exploitation
de l'homme par l'homme. L'esclavage laissa
tout périr plutôt que de continuer le monde sur
cette règle. Vous avez beau l'accumuler, son
travail devient de plus en plus improductif, et
l'on arrive à la ruine. L'homme ne prend d'activité que dans la mesure de sa liberté et de
son indépendance: qu'il travaille pour lui-
même, il produit cent; qu'il travaille pour un
maître et sans espérance, il ne produit plus un.
Il ne peut devenir bête de somme et de labeur;

s'il l'avait pu, il le serait devenu sans doute !
Mais sa nature résiste providentiellement à cette
dégradation; et c'est, je crois, une des raisons
qui font que l'humanité reste debout et garde sa
dignité.

Eh bien, de même que le travail libre est
au-dessus du travail esclave, et a seul lancé le
monde dans une voie de richesses et de progrès, inconnue aux sociétés anciennes, de
même, et par les mêmes raisons, le travail
propriétaire est au-dessus du travail salarié.

Ainsi, notre communauté de propriétaires
obtiendrait une seconde économie, sans doute
égale, peut-être supérieure à la première, par
le seul fait de la substitution du travail propriétaire au travail salarié. L'exploitation de la terre,
fondée ainsi, prendrait une énergie, une fécondité encore inconnues. Je ne touche ici à la
question de l'agriculture, qu'en ce qui a trait à
notre raisonnement actuel. Nous devons y revenir, et nous montrerons quelle est sa nature
méconnue, et comment une rénovation de l'ordre social s'élève seule à la hauteur où est placé
ce grand problème.

3° Le troisième avantage que je veux noter pour nos associés, c'est qu'ils auront tous les capitaux, toutes les forces (argent, instrument, crédit) qui pourront être nécessaires à leur exploitation. Ils se trouveront dans cette situation, qui n'existe en quelque sorte pas actuellement, de pouvoir jouir de toutes les découvertes et de tous les secours fournis par la science. Ceci est encore un point extrêmement important, et auquel je prie le lecteur réfléchi de donner toute son attention. On sait assez que, dans les conditions actuelles, il n'y a pas de cultivateurs assez aisés pour s'approprier tous ces moyens que la science a découverts, et qu'elle doit découvrir si elle est sollicitée. Ceux mêmes qui sont riches, ne le sont pas assez pour leurs grands domaines. Ils ne sont guère moins gênés que les autres. D'ailleurs, auraient-ils assez de capitaux, qu'ils ne pourraient encore employer ces améliorations qu'en renonçant aux fermiers, et en prenant directement l'exploitation de leurs terres; mais alors la tâche devient si grande, qu'elle n'est plus abordable pour une seule personne.

Nous voyons en définitive la science ne

presque rien faire pour l'agriculture, et l'agriculture ne presque rien attendre de la science.
Il en a été bien différemment de l'industrie.
Cette! dernière demande proportionnellement
une bien moins grande concentration de capitaux, et en tout des conditions bien moins
difficiles. Pour l'industrie, la science a fait des
merveilles. C'est que l'industrie emploie et sol-
licite ses découvertes, et que les fruits en sont
promptement réalisés.

¶ Est-ce qu'il y a quelque raison pour que la
science ne puisse aussi entrer en conquérante
dans le domaine de l'agriculture? Non, mais
c'est que cette dernière demande de bien autres
conditions, des conditions sociales. Elle est
liée à nos mœurs, elle se trouve dans une situation qui la tient garottée à ses anciens
moyens et à son inertie relative. Je ne crois
pas que les conditions générales de l'agriculture
aient jamais subi de changements qui n'aient
eu leur cause dans une modification de l'ordre
social lui-même. Cela explique comment, tant
que rien n'est changé dans l'ordre social, les
secours que la science peut donner à l'agricul-

ture ne se développent que dans un cercle res-
treint, donnent des résultats insigniffants, et
demeurent devant elle comme des armes de
géants dans un arsenal de nains.

Si cependant on ne commence par l'agriculture l'allégement du travail et la science de
la richesse, tout ce que l'on peut faire n'est
qu'une amélioration presque inutile, une agitation presque vaine. C'est l'agriculture qui
donne, seule, la vraie et sérieuse richesse.
D'elle vient tout ce qui est nécessaire, le reste
n'est qu'accessoire ; et ainsi, hors d'elle, on
n'accomplit que des progrès factices, on pourrait presque dire désordonnés.

Nos associés réaliseront donc encore sur ce
point une économie capitale, digne d'être mise
sur le même rang que les précédentes. Ils se
seront réunis avec tous les capitaux nécessaires, ils auront tous les instruments, tous les
moyens, tous les secours que la science inter-
rogée et pressée pourra leur indiquer. Enfin,
et point important, toutes ces ressources se-

ront administrées avec cent-cinquante fois le
zèle, le soin, que pourrait y apporter le propriétaire unique d'un domaine semblable au leur;
en supposant, ce qui est déjà une rare exception, qu'il voudrait bien mettre tous ses soins,
et employer tout son temps à diriger cette exploitation.

4° Enfin, malgré mon désir d'abréger et de
ne toucher qu'aux points essentiels, je ne puis
ne pas noter deux autres économies considé-
rables. Celle d'abord qui résulte du travail en
commun; car il y a, dans ce fait, non-seulement addition, mais multiplication de forces.
Est-il besoin d'insister pour faire admettre,
par exemple, que cent hommes travaillant ensemble, en commun, pendant un temps donné,
font beaucoup plus que les mêmes hommes travaillant chacun isolément. On voit quelque
chose de semblable dans l'industrie, c'est ce
qui fait les avantages de la grande fabrication;
mais cela serait bien plus sensible dans les travaux d'agriculture, qui sont des travaux de
force et non d'adresse. Il y a à cela des causes
morales et des causes physiques. L'homme isolé

manque plus vite d'énergie, il se trompe plus
souvent; enfin, il y a dans presque tous ces
travaux de la terre, des moments où un seul
n'a pas assez de force, et se trouve obligé de
prendre des moyens lents, tandis qu'un peu
d'aide rendrait la chose facile et prompte.

Pour prendre un exemple, deux hommes
peuvent transporter en un instant le fardeau
qu'un seul ne parviendrait à remuer qu'en
ayant recours à ces moyens où le temps sup-
plée à la force. Ceux qui ont vu les travaux
des champs faits en grand nombre, savent la
promptitude surprenante avec laquelle on les
voit s'accomplir.

6° Enfin, je noterai en dernier lieu, et en un
seul point, l'économie de la dépense pour tous
les membres de la communauté. Mais je crois
qu'il est inutile d'entrer dans aucun développement relativement à une notion si connue; qui
ne sait que les denrées achetées en grandes
masses coûtent beaucoup moins ; qu'une foule
de choses d'agrément servent aussi bien à plu-
sieurs personnes qu'à une seule. C'est sur ce

principe que sont fondés certains établissements de luxe, les cafés, les cercles, cabi-
nets de lecture, hôtels, etc., où différentes personnes, qui ne sont pas ou n'ont pas besoin
d'être riches, peuvent prendre part à un luxe
que des millionnaires ne pourraient pas toujours aborder pour eux seuls.

J'ai énuméré sommairement, sans détails,
les économies capitales qui seraient faites par
les associés que j'ai supposés. J'aurais pu en
indiquer d'autres d'un ordre secondaire, mais
je puis être bref sur tous ces points; ce sont
des idées dès longtemps discutées et même
admises. Les objections opposées au socialisme
ne sont pas là. La question n'est pas si les économies seraient grandes; elle est à savoir à
quelles conditions se présente le socialisme lui-
même; en un mot, s'il est possible ou s'il ne
l'est pas.

J'ai hâte d'arriver à ces conditions; après
cela il sera temps de faire l'addition des économies et de montrer que c'est ainsi que la terre,
si pénible à cultiver pour le travailleur pauvre

et isolé, doit être attaquée et vaincue, sou-
mise enfin à nous donner tout le fruit de ses
entrailles si fécondes, mais en même temps si
difficiles à féconder. M. Thiers, dans un livre
déjà cité, dit que la terre, loin d'avoir jamais
été insuffisante, est comme un fruit que les
sociétés anciennes les plus actives ont à peine
porté à leurs lèvres avant de le laisser tomber
de leurs mains. C'est donc une tâche qui attend
encore nos efforts, cette conquête de toutes
les richesses que la terre réserve au travail des
hommes.

Nous n'avons parlé jusqu'à présent que d'é-
conomies et de richesses, d'avantages matériels en un mot. Est-il nécessaire de dire que
le socialisme n'est pourtant pas uniquement, ni
même principalement préoccupé d'atteindre une
grande abondance de richesses ? Il ne faut pas
beaucoup pour l'homme, et ce n'est pas un
excès de richesse, je le reconnais, qui doit con-
duire ses premiers et plus grands désirs.

Ce qu'il faut désirer ardemment, c'est l'é-
mancipation et les lumières qui viennent de la

richesse, quand elle n'est pas dirigée dans la
voie de l'extrême inégalité ; c'est la moralité et
la dignité qui suivent cette émancipation et ces
lumières. Platon, qui n'était pas un matérialiste sans doute, a dit que la richesse émancipe
l'esprit des hommes et sert ainsi au développement de leurs qualités morales.

Tel est le vrai problème, le vrai but, le vrai
socialisme ; et c'est pour l'atteindre que nous
cherchons de nouvelle forces, de nouvelles richesses. Nous croyons que les hommes sont
destinés à atteindre ce but élevé et qu'ils ont
reçu pour cela un assez grand domaine, assez
de force et d'intelligence. Une grande civilisation sera celle qui amènera tous les hommes à
la culture de l'intelligence, et par conséquent
donnera à tous cette part de loisir dont parle
M. Bastiat dans le passage que je lui ai em-
prunté.

L'homme qu'une dure misère oblige de travailler du matin au soir et toute sa vie, dont
l'esprit reste inexercé et comme perdu, celui-
là est-il complètement un homme ? A-t-il vécu

toute sa vie et déployé toute la destinée que
Dieu avait ouverte devant lui? Il ne s'agit pas
seulement de cultiver la terre et de faire croître
les moissons, il faut aussi s'éclairer. *Et erectos
jussit ad sidera tollere vultus. Il faut, qu'après
sa tâche, l'homme ait le temps de se relever et de
regarder le ciel.* Le poète a raison, je crois que
c'est l'ordre de Dieu même.

Je crois aussi que je me pose bien tout le
problème et que je ne transforme pas la difficulté pour arriver à la résoudre. Certes, si le
résultat que je viens de dire était atteint, ainsi
seraient terminés le long mépris et les longues
souffrances du travail, ainsi il serait réhabilité.
Ainsi serait atteint le rêve éclatant qui s'agite
encore insaisissable, dans les désirs et les aspirations du socialisme. Si l'humanité progresse,
si elle a des destinées, si elle avance vers plus
de lumières, il faut bien croire qu'il est un but
lumineux qui a dirigé sa marche et l'a empêchée
de s'égarer, ou de désespérer, dans les détours
et les retards de sa route.

En examinant les économies que feraient

nos associés je n'ai donc produit aucune idée nouvelle ; et je n'avais pas besoin d'insister, parce que le socialisme n'en est plus à faire accepter ces prémices ; ce qui est contesté c'est la possibilité même de l'association. Nous allons maintenant examiner quelles en sont les conditions et voir si elles sont réellement impossibles.

La seule chose nouvelle que j'aie dite, c'est que les socialistes pratiques ne devaient pas être des gens n'ayant rien que leurs bras, mais des propriétaires possédant, en moyenne, le minimum de fortune que donnerait la division de la propriété portée à son dernier terme, ayant accompli son entière évolution.

La première question qui se présente est celle de savoir quelle serait la situation des femmes dans l'association dont nous parlons.

Ici l'on touche au point le plus vif du problème. Depuis que le socialisme s'est produit, on lui crie : Vous renversez la morale, vous attaquez la famille et la propriété. Eh bien ! dans ces paroles, si souvent répétées, il y a,

76 FORMULE.

vaguement il est vrai, une appréciation vraie et qui va au fond des choses. Le socialisme ne détruit pas la propriété, cela est l'exagération passionnée; surtout si l'on entend qu'il prétend détruire ou amoindrir dans les mains des propriétaires quelques-uns de leurs droits. Mais il est vrai qu'il modifie la propriété pour ceux qui voudront le pratiquer. Il la borne et la met en communauté; qui pourrait s'en plaindre, s'il n'est qu'une libre doctrine, acceptée seulement par ceux qui penseront y trouver des avantages? C'est ainsi que les personnes qui jugent à propos d'entrer dans un ordre religieux ne blessent en rien le mariage et la propriété, tout en y renonçant pour eux-mêmes.

La conscience publique n'a pas plus mal pressenti en affirmant que le socialisme est incompatible avec la famille, telle que la fait notre droit actuel.

Je ne sais si ceux qui ont demandé (comme chose isolée ce qui ne pouvait aboutir), l'émancipation de la femme, je ne sais si ceux-là ont nettement compris que le socialisme et la

famille sont deux termes contradictoires. S'ils
l'ont senti ils étaient dans le vrai.

La raison qui met ainsi le socialisme en con-
tradiction nécessaire avec le mariage, c'est que
ce dernier est une association de tous les biens
et de toute la vie, et que le premier est aussi
une association ayant précisément le même objet. On ne peut donc se donner en même temps
à ces deux associations. Il faut opter, car, par
leur nature même, l'une ou l'autre doivent nous
contenir tout entiers. C'est ainsi qu'il est contradictoire d'avoir deux femmes légitimes, deux
lions, deux familles. L'homme ne peut avoir
deux centres à sa vie. Il faut qu'il porte ses efforts, ses soins, son affection, vers un point
ou vers un autre. Il ne peut avoir deux familles
ou il n'en aurait réellement pas. Le mariage est
une petite association, l'association socialiste
est une grande famille.

Peu de temps après la révolution de Février,
quand les idées et les aspirations du socialisme
se produisaient avec le plus d'énergie, et que le
débat voyait se succéder, avec une sorte de tu-

multo, los partisans ct les adversaires, lo maréchal Bugeaud entra, lui aussi, dans cette
controverse. La *Revue des Deux-Mondes* publia,
lo 15 août 1848, lo document dont jo veux
parler.

Lo maréchal Bugeaud avait plus quo des raisonnements à présenter ; il avait lo fruit de ses
propres expériences, car c'est uno justico à
rendre à sa mémoire, il marchait aux idées aussi
volontiers qu'à l'ennemi.

Il raconta donc qu'il avait fait dans son gouvernement d'Algérie, un essai de socialismo,
de communauté. Il avait pris des soldats, les
uns libérés du service, les autres y étant encoro
soumis. Il leur avait donné des terres, des instruments de travail, des rations de vivres,
enfin trois villages ; car il avait fait un triple
essai. Il les avait installés, puis leur avait dit :
Vous voilà en communauté, entendez-vous,
jouissez des économies quo doit vous donner
votre association, profitez de mes avances, tra-
vaillez..... et la triple entreprise échoua sur
tous les points. Les travaux furent négligés,

le plus actif devint paresseux à la tâche com-
mune. Enfin , les associés eux-mêmes , et
d'un avis unanime, demandèrent à être sé-
parés.

Dès-lors le maréchal se crut fondé à dire
qu'il avait expérimenté le socialisme et que le
socialisme était bien positivement un rêve, une
chimère, une impossibilité.

Le maréchal a expérimenté, mais il n'a pas
raisonné. Comment a-t-il pu croire que le socialisme n'avait besoin de nulle règle, de nulle
organisation, de nul principe nouveau ; qu'il
n'avait pas ses conditions nécessaires et qu'il
fallait d'abord comprendre ; qu'enfin un changement d'ordre social ne pouvait se développer
tout seul, dès qu'un certain nombre d'associés
se trouveraient avoir quelque chose en commun.

Il y avait une première et principale raison
(elle n'était pas la seule à beaucoup près), qui
nécessairement devait faire échouer cette entreprise. Le mariage, la famille et la fortune par-

ticulières étaient maintenues parmi ces associés.
C'est-à-dire que chacun d'eux avait un but
particulier de ses efforts, un centre différent
de ses soins et de ses affections. Chacun avait,
immédiatement ou en perspective, un autre
lien et un autre patrimoine que ceux donnés
par l'association. Dans ces conditions il n'y a
pas de communauté, il y a une entreprise col-
lective pour un objet déterminé, il n'y a pas
ombre de socialisme.

Pourquoi les religieux ont-ils ce zèle prover-
bial pour les intérêts de leur communauté?
C'est qu'ils ont renoncé même à l'espérance
d'une fortune propre à laquelle il leur soit possible de reporter leurs efforts. Supposez-les
mariés, à l'instant même vous voyez le zèle pour
leur communauté s'évanouir et se changer forcément dans le soin de leur famille particulière. La communauté générale est dissoute;
elle ne peut plus être qu'un mot.

On voit donc bien que l'homme ne peut ap-
partenir à deux associations. Il lui faut un centre de sa vie et il ne peut en avoir qu'un.

Ainsi il faut le dire nettement, pour qu'il n'y ait pas d'illusions, pour qu'on se décide en connaissance de cause socialisme et famille sont deux choses impossibles à concilier; l'une exclut l'autre.

Je m'entends dire : en voilà assez, il est inutile d'aller plus loin; si le socialisme détruit le mariage, il est condamné, car le mariage est au-dessus de toute discussion; il est une loi sacrée, une institution inviolable, un sacrement.

Je ne veux point le violenter, mais je crois que l'on peut faire mieux. Est-ce donc d'ailleurs que le lien du mariage n'a jamais été modifié et que la famille a toujours été ce qu'elle est? La famille grecque et romaine n'était-elle pas bien différente de la nôtre? Ce lien du mariage n'était-il pas résoluble à volonté et pour chaque partie? Sans sortir de notre tradition religieuse, le mariage des patriarches, tout semblable à celui des Arabes de nos jours, ne serait-il pas regardé dans nos mœurs, comme une véritable prostitution? Enfin, la famille noble de

6

notre ancien régime était aussi fort différente
de la nôtre ; qui n'est plus que l'union religieuse de l'homme et de la femme ; qui ne renferme les enfants mêmes, que jusqu'à l'âge de
leur majorité. Notre famille d'aujourd'hui est
la moins sociale, la plus étroite que les hommes
aient encore pratiquée ; serait-elle pour cela la
meilleure et la plus immuable ?

La famille, on ne peut le nier, est une institution qui a perpétuellement changé dans
l'histoire, selon les diverses situations politiques et sociales des peuples.

La seule chose qui ne change pas c'est la morale. Cette loi souveraine présente ces deux
phénomènes : qu'elle est invariable dans sa nature, dans son principe ; et que pourtant elle
varie perpétuellement dans son application et
ses préceptes particuliers. Elle est, comme je
l'ai dit, la loi de conservation intellectuelle et
physique de l'humanité. Elle est une dans son
principe, c'est pour cela même qu'elle
varie dans son utilité, selon les différentes difficultés, selon les différents écueils, dont se

trouvent menacées les diverses sociétés que
les hommes se sont faites. S'il n'y a qu'un bon
chemin, c'est tantôt à gauche et tantôt à droite
qu'il faut tendre, pour le rejoindre ou s'y maintenir.

Ainsi le socialisme contient nécessairement
l'émancipation de la femme. Il s'oppose à l'u-
nion particulière, exclusive et indissoluble de
l'homme et de la femme, parce que de cette
union découle nécessairement une famille particulière. Il détruit donc notre famille civile. Il
remplace cette association par une autre plus
étendue, et il résulte nécessairement de cela
que la femme y doit être émancipée du mariage
et élevée à une liberté plus grande; non une
liberté nominale et de droit seulement, mais
une liberté de droit et de fait, une liberté ayant
pour fondement et pour garantie tous les
moyens d'une vie suffisante et assurée; une liberté, en un mot, qui ne soit pas détruite par
l'atteinte des besoins matériels et qui puisse
se mouvoir dans une existence assez large pour
contenir toute la dignité humaine.

Cette liberté de la femme est-elle une chose dangereuse, immorale? La question ne peut être posée ainsi; cette émancipation serait mauvaise, assurément, dans la situation sociale actuelle. Le sera-t-elle dans l'organisation que nous exposons? Il faut voir pour cela, quelle est cette organisation dans son ensemble. Une roue de machine n'est pas, en elle-même, bonne ou mauvaise; c'est l'ensemble du système qui fonctionne bien ou mal.

J'ai supposé cent cinquante hommes : l'association doit donc comprendre aussi cent cinquante femmes, puisque telle est, dans notre climat, la proportion générale des hommes et des femmes.

Les femmes seraient, comme je viens de le dire, libres. Avant d'arriver aux développements qui préciseront les limites et les conditions de cette liberté, qu'on remarque, dès à présent, que libres ne veut point dire communes. On entend par communes, un certain assujettissement à être les femmes des uns et et des autres; une pareille contrainte, dans

quelque mesure qu'on la comprenne, choque et
répugne à bon droit ; il ne saurait s'agir d'une
servitude aussi odieuse.

Le seul point qui ressorte de notre raisonnement, c'est que le socialisme ne souffre que des
unions essentiellement volontaires ; c'est qu'il
est incompatible avec le mariage et les conventions matrimoniales prises pour le fondement
de familles particulières, distinctes, séparées
de la famille générale.

Après avoir reconnu que la femme devrait
être émancipée on arrive naturellement à cette
autre question : Quel serait le sort des enfants ?

Il y a une notion de droit, connue de tous.
C'est la distinction de la nu-propriété et de
l'usufruit ; deux droits distincts et indépendants, quoiqu'ayant le même objet. C'est sur
cette distinction de deux choses, qui se trouvent
comprises dans la pleine propriété, que doivent être fondés les droits réciproques des
hommes et des enfants.

En entrant dans la communauté, l'associó renonce à la nu-propriété, qui lui est dès-lors inutile , et cette nu-propriété tout entière est le droit et la garantie des enfants nés ou à naître. Ces derniers ont ainsi tout ce qu'ils peuvent avoir, puisque l'usufruit est lié au travail et qu'ils sont incapables de travail.

Je remarque que, dans cette règle, l'enfant hérite, non à la mort de son père, ce qui n'est certes pas à l'avantage des affections dans la famille actuelle. Il hérite en naissant; dès sa naissance, il a, à la propriété du fonds commun, un droit qu'il ne peut plus perdre. En atteignant ensuite à l'âge viril, il arrive à l'usufruit en même temps qu'à l'obligation du travail; la nu-propriété qui lui échappe reste ainsi perpétuellement assurée aux enfants, à la postérité.

Je n'entre pas encore dans les choses de détail, dans les droits de subsistance et d'éducation. On ne m'objectera pas, sans doute, que la nu-propriété est un droit qui ne rapporte rien, et dont on ne peut vivre actuellement. Il est

clair que, dans cette communauté comme dans
la famille actuelle, la loi donne toujours aux
enfants un droit d'aliment. On ne me dira pas
non plus, je pense, que dans cette forme de
société, la nature perdra ses sentiments, et que
les parents y deviendront disposés à laisser
leurs enfants mourir de faim. On ne se figure
pas que si le Code civil était perdu il n'y aurait plus rien d'écrit dans le cœur des hommes.

Voyons maintenant quelle autorité gou-
vernera l'association, et aussi comment sera
sauvegardée l'indépendance individuelle ; car,
je le reconnais, c'est un point qu'il faut absolument maintenir et sauver. La dignité humaine repose, pour la plus grande part, sur
cette indépendance ; et le vrai progrès, la vraie
civilisation, ne peuvent aller à l'encontre de la
dignité humaine. Si l'on me montre que le socialisme sacrifie l'indépendance de l'individu,
je condamne, moi aussi, le socialisme.

Nous en sommes à la troisième règle fonda-
mentale du socialisme, qui sera aussi la dernière.

La première est que les associés forment un fonds commun qu'ils doivent cultiver eux-mêmes, en bannissant le principe de la division des fonctions [1].

La seconde est l'émancipation de la femme, ce qui veut dire les droits de famille établis seulement de l'individu à l'association générale, et non d'une personne à une autre.

Enfin la troisième à laquelle nous arrivons sera qu'aucun membre de l'association ne doit avoir un pouvoir personnel, particulier, et qu'il n'y a aucune autre autorité, que celle qui sort d'une décision de la majorité.

Quelle sera l'organisation de ce suffrage universel et sans délégation, entre cent cinquante individus ?

Une assemblée générale se réunit aussi souvent qu'il est nécessaire ; toutes les semaines, par exemple.

[1] Je crois avoir assez expliqué ce mot pour qu'on n'aille pas comprendre que tous y feront nécessairement les mêmes choses et qu'il n'y aura pas d'occupations diverses.

C'est elle qui décide souverainement toutes les affaires de la communauté, soit par décisions générales ou réglementaires, soit par décisions particulières; selon qu'il s'agit de cas particuliers ou de cas ordinaires et journellement répétés. Cela pourvoit à toutes les décisions importantes, comportant une certaine autorité. Restent les choses secondaires et de simple exécution, ce que nous nommerons les fonctions diverses.

Pour cela, les cent cinquante membres se divisent en un certain nombre de commissions qui se partagent ces fonctions ou administrations diverses.

Ces fonctions étant divisées en dix catégories, je suppose, tous les membres se répartissent entre ces dix commissions, qui se trouvent ainsi composées de quinze membres chacune.

Une commission a, dans ses attributions, les soins d'édilité et de voierie, etc.; une autre, le soin des ventes et des achats; une autre, la direction des cultures; une autre, la conservation des bestiaux; une autre, celle des bois; une autre, la direction des bibliothèques; objets d'art, éducation des enfants, etc. En voilà assez pour faire comprendre comment tout s'exécuterait, et aussi comment chaque membre prendrait une égale part à la décision et à l'exécution. Ainsi serait réalisée la règle, que nul ne pourrait avoir un pouvoir personnel et particulier dans l'association.

Certaines fonctions pouvant prendre, les unes plus d'importance et les autres moins, et amener ainsi une différence d'autorité entre les membres, elles seraient renouvelées, ou tous les ans, ou tous les six mois. Enfin, elles seraient, avec l'expérience, établies de manière à n'être ni plus ni moins onéreuses les unes que les autres. Chacun choisirait la commission qui conviendrait le plus à son goût et à ses aptitudes; sauf la règle générale de l'élection, pour suppléer le premier mode de formation quand il se trouverait insuffisant. Ces fonctions diverses ne peuvent être fixées et déterminées d'avance; elles doivent être laissées aux conventions à in-

tervenir entre les associés eux-mêmes; il est
dans leur nature de n'avoir rien d'immuable.

Je disais qu'un point capital était de voir
comment, dans cette formule, était garantie
la liberté individuelle.

Elle l'est par cette égalité complète et invariable qui fait à tous les mêmes droits. Une
assemblée délibérante, à moins de pressions
extérieures, n'a aucune tendance à opprimer
quelques-uns de ses membres. Elle en aurait
plutôt à leur laisser trop de liberté, car cela est
l'intérêt et la cause particulière de chacun. Mais
ici, comme la richesse de tous serait intéres-
sée, de la manière la plus directe, à ce que
chacun n'éludât aucunes des conditions de l'association, il ne pourrait arriver que la majorité se prêtât à aucune négligence parmi ses
membres. Elle tiendrait forcément la main à ce
que toutes ces conditions fussent accomplies.

Il importe beaucoup de remarquer dans
quel cercle dans quel ordre de choses, cette

autorité de la majorité se renfermerait naturellement.

Il est clair que cette autorité se circonscrirait
exclusivement dans l'ordre des intérêts matériels, c'est-à-dire dans l'administration des biens
communs. Cela résulterait de la nature même
de l'association, parce que ce serait le seul
point où l'absence d'une autorité, d'une règle,
tournerait au détriment de l'intérêt général et
blesserait chacun des membres. Ainsi, par
exemple, la majorité ne souffrirait pas et ne
pourrait tolérer qu'un membre n'accomplît pas
sa part de travail, ce serait laisser dépérir la
fortune de tous et celui qui s'y prêterait en
souffrirait lui-même. Mais il est clair aussi,
qu'une fois toutes ces choses nécessaires accomplies, la majorité ne pourrait penser à
restreindre la liberté de ses membres dans des
limites tyranniques. La condition étant la même
pour tous, celui qui voudrait pousser cette
autorité jusqu'à l'abus, non-seulement n'y pourrait trouver aucun avantage, mais encore s'en-
lèverait à lui-même ce qu'il prétendrait ôter à
un autre.

Quant au zèle que chacun mettrait à l'intérêt général, il ne peut être douteux; si les moines prennent tant à cœur les intérêts de leur communauté, bien qu'ils ne doivent en retirer qu'un avantage très-faible et très-éloigné; à bien plus forte raison, ce zèle existerait parmi des associés qui recueilleraient si directement le bénéfice d'une augmentation de la richesse et du bien-être général, et qui, non moins que les moines, ne pourraient avoir aucun autre but de leurs soins, de leur activité.

Enfin il faut encore dire qu'il ne pourrait être dur de subir la règle imposée par la majorité, non pas seulement parce qu'on y aurait concouru soi-même, mais aussi et surtout, parce que ses décisions s'exerceraient dans un ordre de choses où la volonté générale est évidemment plus compétente que chaque volonté particulière. Il n'en serait pas ainsi s'il s'agissait de décider d'une vérité abstraite. Alors il pourrait être juste de dire, avec Descartes, que plus la décision est difficile, plus il y a lieu de croire que c'est le petit nombre, la minorité, qui rencontrera juste et aura raison. Remarquez, en outre, que dans une décision de cette nature, la vanité d'avoir bien opiné peut, en effet, l'emporter sur l'intérêt d'arriver réellement à la vérité, parce qu'il s'agit alors d'une vérité qui ne touche pas à nos intérêts. Mais quand il faudrait décider si le blé ou les haricots doivent être cultivés de telle façon ; si telle culture rapportera plus que telle autre, qui contestera que l'avis de la majorité doit être plutôt suivi que le sien propre? Ces questions ne sont pas de nature à réveiller la susceptibilité des prétentions particulières, comme elles ne sont pas, non plus, de nature à n'être jamais fixées et à pouvoir être toujours débattues.

On a donc droit de croire que l'autorité de la majorité serait ce qu'il peut y avoir de mieux et de moins contestable pour administrer les intérêts de l'association. Elle ne pourrait être ni insuffisante, ni trop tolérante, ni tyrannique. Elle offrirait moins de chances d'erreur que toute autre.

La sanction extrême du pouvoir de la majorité (outre les réglements disciplinaires sur lesquels

il serait surabondant de s'arrêter) serait le droit
de renvoyer de son sein celui qui refuserait
d'accepter son autorité. De même, chaque associé aurait naturellement le droit de se retirer
de l'association, si elle ne remplissait pas ses
espérances. Il est inutile d'ajouter que les
réglements et droits particuliers des associés
entre eux, ne les laissent pas moins que tous
les autres citoyens, sous l'obéissance et sous la
protection des lois générales.

Je dois m'expliquer sur une objection qui,
je le suppose, est déjà venue à l'esprit du lecteur.

La voici : Établissez-vous l'égalité des salaires?
Si vous ne le faites pas, quelle répartition faites-
vous, et que devient votre égalité? Si vous l'é-
tablissez, c'est là un point éclairci et par la
discussion et par l'expérience. Il est prouvé
que cette égalité des salaires est un niveau sous
lequel la conscience humaine refuse de se laisser
courber.

J'aborde donc ce point; je ne veux rien
laisser d'obscur.

L'égalité des salaires entre des ouvriers associés me semble une chose mauvaise et réellement impraticable. Pourquoi cela ? c'est que d'abord, les ouvriers ne pratiquent pas la vie en commun. Ils ont chacun leur famille particulière, plus ou moins nombreuse, ce qui occasionne des besoins différents. Ensuite, des ouvriers n'ont pas seulement, pour besoin et pour mobile, de gagner leur vie de chaque jour. Il faut aussi qu'ils amassent pour l'avenir. Ils doivent désirer de faire fortune et de passer parmi les riches; cela ne peut donc que les rendre extrêmement jaloux de ne rien perdre du produit de leur travail; c'est-à-dire de ne pas laisser prendre un dividende aussi fort à celui qui a pris une moindre part à la production.

Voilà dans quel cas l'égalité des salaires est une conception impraticable et stérile.

Sommes-nous dans des conditions pareilles ? Aucunement.

Il n'y a pour aucun de nos associés de fortune particulière à faire. Il y a un fonds commun et il n'y en a pas d'autre. Il ne s'agit donc pour chacun que de produire sa dépense, non d'amasser pour la sécurité de l'avenir. L'association n'est pas une entreprise commerciale destinée à faire, dans un temps donné, la fortune de ses membres, et leur permettre de se séparer ensuite. C'est une vie permanente et fixe qui embrasse les générations successives, c'est une grande famille qui se perpétue.

Enfin, nous ne donnons pas des salaires égaux à des ouvriers inégaux en travail; nous donnons des revenus égaux à des propriétaires égaux.

Le travail n'est, dans cette formule, que l'accessoire du capital, et notre association a précisément pour objet de rendre le travail facile, court, égal pour tous. Si elle n'atteignait pas ce résultat, elle serait condamnée par la raison définitive qu'elle n'arriverait pas à supprimer la nécessité de la division des fonctions et des classes.

Le problème du socialisme consiste donc à
transformer les nécessités du travail et les conditions de la richesse ; ce serait méconnaître
l'esprit même de cette entreprise que de former
des associations qui, sans changer la condition
sociale du travail, n'auraient pour but que
d'en améliorer le salaire. Cela n'arriverait
point à autre chose qu'à augmenter peut-
être le nombre des riches, tandis que le socialisme veut supprimer la nécessité même de la
différence des conditions entre les hommes, et
non pas arriver à une proportion différente des
riches et des pauvres. Cela est, au reste, un
point auquel nous aurons à revenir pour le fixer
d'une manière plus précise.

J'ai déjà examiné, dans mon premier travail,
comment la civilisation avait eu, jusqu'à ce
jour, pour condition indispensable la division
des fonctions intellectuelles et matérielles ;
division assise elle-même sur la distinction des
riches et des pauvres.

C'est à cette nécessité même que s'attaque

le socialisme. Il prétend essayer si nous n'avons
pas assez de capitaux acquis, et en même temps
une assez grande division légale de toutes ces
forces, pour changer la loi onéreuse de la
division des fonctions et des classes, gouvernée par le hasard, et où tant de forces et de richesses sont vainement perdues. Il ne s'associe
à aucune déclamation contre les riches et leur
prétendue inutilité. Il reconnaît cette loi de la
richesse, quand bien même elle comporte l'oisiveté, jusqu'à ce qu'un autre ordre ait suc-
cédé à celui-là, avantageusement, légalement,
librement.

Si dans la formule que nous proposons, le
travail reste pénible, ingrat, difficile; s'il n'est
pas seulement cet exercice nécessaire aux forces
physiques de l'homme; s'il ne laisse pas à chacun assez de loisir pour parvenir à toute éducation et à toute instruction, alors cette formule est fausse et j'avoue qu'il faut la condamner; elle abaisserait le niveau intellectuel
de l'humanité.

Mais nous n'en serons pas moins assurés que

le but qu'il faut atteindre est celui qui fixe
nos regards. Nous devons y arriver parce que
Dieu a donné à l'homme, unis dans un même
être, le corps et l'âme, et par conséquent nous
a imposé des besoins et une activité en rapport
avec cette double nature. La division des fonctions met, autant que cela se peut, les âmes
d'un côté et les corps de l'autre; mais aussi la
nature humaine s'est toujours roidie contre
cette dure condition; elle était nécessaire, inévitable, je le crois, je le reconnais autant que
quiconque. Elle s'est trouvée nécessaire pour
arriver à la richesse, à la civilisation; mais la
vraie civilisation elle-même, n'est pas autre
chose que la possibilité de renoncer à cette loi
et de vaincre cette misère.

Après avoir successivement déduit les conditions principales du socialisme, nous allons
résumer ces conditions, examiner ce qu'il y
a de nécessaire dans la formule que nous venons d'exposer, et aussi ce qu'elle peut contenir d'arbitraire et de variable.

La première condition est l'association. Celle-

là est, on peut le dire, hors de doute. Quelle
que soit la solution qui sera donnée à la question sociale, on ne peut faire un seul pas en
avant, sans rencontrer d'abord l'association.
Cette première vérité est reconnue de toutes
parts. Dans son livre contre les réformateurs,
M. Reybaud fait des aveux comme ceux-ci :
« Le grand problème de l'économie politique
« est évidemment la distribution des richesses...
« L'autorité n'y peut rien, on l'a vu : *l'associa-*
« *tion* pourrait davantage, mais sa formule
« complète échappe encore à la pénétration de
« l'homme. »

Et encore : « L'avenir, on peut l'espérer du
« moins, appartiendra à l'association. Seule,
« elle saura apporter un remède efficace aux
« vices de la culture morcelée, à l'éparpille-
« ment des forces sociales, etc. »

Ce qui nous fait cette condition, c'est le
principe de l'égalité civile, la loi du partage
égal des successions. Cette loi va directement
contre l'ordre social de la division des fonctions, qui ne peut évidemment être constitué

que par la division des classes. Comment maintenir, en même temps, et le désir de faire fortune comme principe de toute l'activité sociale, et la loi du partage égal des successions, qui va détruisant toujours les fortunes, et qui s'oppose à toute force de résistance et de stabilité? Cela est contradictoire; cela est la négation de tout ordre, de toute stabilité.

J'ai encore examiné, dans ma première lettre, quelles seraient les conséquences de notre loi des successions, si nous étions purement et simplement abandonnés à son cours naturel. Nous avons vu que ces conséquences seraient, l'extinction de toutes les lumières qui font la civilisation, et aussi la suppression de tout principe de stabilité (point déjà complétement consommé). Nous ne reviendrons pas ici sur ces raisonnements, ce serait surcharger ce travail de répétitions inutiles.

Dès que la division des fonctions et des classes est un ordre absolument détruit; dès que le principe de l'égalité civile gouverne notre société et domine ses mœurs et ses lois,

il faut donc trouver une loi d'économie sociale
qui puisse donner la richesse à tous, puisqu'elle
ne pourra plus être seulement à quelques-uns;
et puisque cependant la civilisation serait impossible avec les contraintes de la misère.

La question est une question d'économie,
voilà pourquoi l'association est nécessaire.
Notre formule, en posant pour première règle
l'association, commence donc par un point inévitable.

L'association à organiser n'est pas seulement
une association de personnes, elle est aussi une
association de capitaux; puisqu'il s'agit de créer
la richesse pour tous; puisqu'il s'agit de se
mettre en harmonie avec la loi de la division de
la propriété. Notre formule pose donc encore
une règle nécessaire, quand elle déclare que les
associés ne peuvent pas être des personnes
n'ayant rien, mais qu'elles doivent venir dans
l'association avec un certain apport.

Il faut que cet apport soit égal à la part de

chacun dans la richesse générale, puisque cette
formule doit être ouverte à tous; puisqu'elle
doit supprimer la division des fonctions, et
qu'ainsi elle ne doit pas absorber la richesse au
profit des uns et au détriment des autres. Le
quantum de l'apport de chaque tête virile est
donc nécessairement celui que nous avons indiqué.

Nous proposons cent cinquante associés;
pourquoi ce chiffre plutôt que tout autre? Voici
comment nous l'avons déterminé : d'un côté,
plus le nombre des associés sera grand, plus
grandes seront les économies; mais d'un autre
côté, on ne peut élever le chiffre indéfiniment,
parce qu'il faut, avant tout, que les associés
se sentent être dans la même famille et non
pas étrangers les uns aux autres. Si le nombre
dépassait cent cinquante têtes viriles, ce qui
porte, avec les femmes, le nombre des personnes adultes à trois cents, tous ces associés
ne pourraient se connaître suffisamment. Ils
seraient portés à se choisir dans l'association
générale une société particulière, par l'impossibilité de s'étendre dans le cercle entier. Il en est

qui n'ont rêvé rien moins qu'une association de toute la nation, voire même de tous les habitants du globe. Cela est incompatible avec la nature si bornée de l'homme; c'est vouloir bâtir la tour de Babel de la fraternité. En fixant le nombre des associés à cent cinquante, nous n'avons point, il est vrai, posé un chiffre absolu, invariable; mais nous croyons qu'il est celui qui combine le mieux les deux conditions opposées qu'il s'agit de concilier.

L'émancipation de la femme est une des lois fondamentales de notre formule. Nous avons montré comment le mariage est contradictoire avec le socialisme, comment il forme une première association incompatible avec toute autre association plus étendue.

Nous donnons aux enfants toute la nu-propriété, de telle sorte que les associés ne conservent que l'usufruit. Cela est nécessaire puisque l'association a pour première condition d'être perpétuelle.

Enfin, la dernière règle est celle qui établit

que nul membre ne peut avoir d'autorité particulière et que l'association ne sera gouvernée
que par la volonté générale. Cette règle est encore nécessaire : elle seule peut assurer à chaque
associé sa part de liberté. Elle est nécessaire
surtout, parce qu'une autorité résidant dans
la personne, ne pourrait manquer de fonder,
à la longue, pour cette personne, des privi-
lèges et des avantages qui détruiraient l'égalité
et rétabliraient, à son bénéfice, la division des
fonctions et des conditions. Tel est le résumé de
notre formule. Elle n'est rien, nous le croyons
du moins, que l'organisation et la conséquence
logique de notre loi des successions : je veux
dire le seul ordre social qui puisse être fondé
sur l'égalité civile ; cette dernière étant elle-
même irrévocable.

Nous ne donnons ici que les règles essentielles,
fondamentales. Il est inutile d'entrer dans les
détails, et de vouloir analyser les règlements
secondaires qui doivent être faits par les associés eux-mêmes. Il suffit de voir par quels res-
sorts, et à quelles conditions, doit fonctionner
cette association. Cela suffit pour en juger la

possibilité ou l'impossibilité, l'avantage et le
défaut, la moralité et l'immoralité.

Nous avons placé dans notre première lettre
une définition de la morale à laquelle nous
prions le lecteur de se reporter. Plus de liberté, plus de richesse, plus de force, plus de
sécurité, plus de savoir, voilà, il nous semble,
le vrai progrès. On nous accusera d'immoralité
sans nul doute : qui pourrait se flatter de dé-
sarmer la violence des ennemis de toute inno-
vation et toute liberté? Nous pourrons, quand
il sera temps, invoquer des autorités consa-
crées par la conscience humaine de tous les
temps, des vérités qui ont surmonté toutes les
tyrannies et toutes les fureurs. Nous pouvons
dire, d'ailleurs, que nous allons au travail et
au respect de tous les droits; cela suffit.

Nous avons examiné les économies principales qui doivent résulter de l'association, et
nous avons fait un aveu que nous répétons ici :
c'est que, si ces économies ne sont pas vraies,
si le travail demeure aussi pénible et aussi difficile qu'il l'est dans les conditions actuelles,

alors notre formule est fausse, alors il faut rester dans la situation où nous sommes et forti-
fier, au lieu de la combattre, la division des fonctions et des classes.

Il nous reste à faire l'addition de ces économies, et à voir si, en effet, elles ne pourraient
donner à tous assez de loisir pour atteindre
l'instruction, le savoir, les lumières; assez de
richesse et d'indépendance pour mettre autour
de l'individu cet espace moral nécessaire à la
dignité humaine.

Quel revenu donne la terre? On dit trois ou
quatre pour cent. Cela n'est pas suffisamment
exact. Elle rapporte cela au propriétaire, en bénéfice net, en rente; mais elle rapporte aussi
le salaire des travailleurs. Pour avoir le revenu
total, il faut donc réunir le bénéfice net et le
prix des salaires. Or, le salaire général est plus
qu'égal à la rente nette du propriétaire; il est
inutile de donner des calculs pour établir ce
point. Soit donc six, pour la part du salaire ou
travail, trois ou quatre pour la rente, en tout
dix, pour le revenu général. C'est d'ailleurs, je

le crois, le chiffre admis par les statistiques pour
la somme totale de ces deux parts du revenu.

Dans notre association, les associés ne par-
tageant le travail avec personne, puisqu'ils
doivent l'accomplir eux-mêmes, ils auront,
en même temps, le revenu net et le salaire,
c'est-à-dire dix pour cent. Voilà donc, par ce
seul fait, et en dehors de toute économie ré-
sultant de l'association, leurs revenus, leur
aisance plus que doublés.

Évaluons maintenant ces économies principales que nous avons examinées plus haut.
La première est celle qui résulterait de la suppression des oisifs et de tout travail inutile ou
mal dirigé. Je joins celle que donnerait le travail en commun; j'estime que ces deux économies peuvent produire un bénéfice de moitié
sur l'état de choses actuel, et qu'ainsi nos associés obtiendraient la somme actuelle des produits, tout en ne travaillant que la moitié du
temps que réclame aujourd'hui le travail de la
production. Ils pourraient donc ne travailler
qu'un temps égal à la moitié de leurs journées.

Restent : la troisième économie, celle qui serait donnée par l'abondance des capitaux, l'intelligence de l'exploitation, et surtout l'application de tous les moyens, de tous les secours que la science peut fournir ; enfin l'économie principale, celle du travail propriétaire substitué au travail salarié. Je crois que ces deux dernières, égales aux précédentes, suffiraient aussi pour doubler la somme des produits donnés par la situation présente, qui est, comme nous venons de l'établir, dix pour cent. Ce serait donc un revenu de vingt pour cent que l'association pourrait distribuer à ses membres.

La valeur du fonds commun, immobilier, étant estimée à douze mille francs par tête virile, cela fait un million huit cent mille francs pour le fonds entier ; ce qui, à raison de vingt pour cent, donne, pour toute la communauté, un produit annuel de trois cent soixante mille francs.

Un autre calcul peut servir à contrôler celui-ci. Le prix de la journée d'un homme travaillant aux gages d'un propriétaire varie suivant la saison et d'autres circonstances, mais il

est au minimum de un franc au moins ; il va
facilement à deux en été. Je le suppose, en
moyenne, de un franc et demi, plus la nourriture qui ne peut être estimée moins de un
franc par jour. C'est donc une moyenne de deux
francs cinquante centimes que vaut la journée
de ce travailleur. Il faut maintenant y joindre
le bénéfice que fait le propriétaire lui-même ;
soit seulement un franc. La journée du travailleur rapporte donc dans les conditions actuelles, une somme totale de trois francs et
demi. Nous avons supposé que les économies
de l'association doubleraient ce produit ; chacun
de nos travailleurs hommes (je ne tiens pas
compte des légers travaux que pourraient accomplir les autres associés) aurait donc un revenu de sept francs par jour ; ce qui donne deux
mille cinq cent cinquante-cinq francs pour
chaque tête virile, et trois cent quatre-vingt-
trois mille deux cent cinquante francs, pour
le revenu général ; chiffre sensiblement semblable au premier.

Nous avons besoin encore de dire quelque
chose de la répartition du revenu entre les mem-

bres de l'association. Il y aurait trois réparti-
tions à faire : le budget des dépenses générales,
le budget de chaque travailleur, enfin celui de
chacun des membres non travailleurs, les
femmes et les enfants. Je suppose que ces trois
budgets pourraient être égaux. C'est au reste
un point qui devrait être fixé chaque année
par les associés eux-mêmes. Les dépenses générales payées, chaque membre aurait donc son
dividende ou revenu personnel, pour en dis-
poser à sa volonté, soit pour ses dépenses particulières, soit pour celles qu'il voudrait faire en
s'associant avec d'autres membres ; par exemple
pour se procurer des plaisirs de luxe, comme
chevaux, voitures, etc.

Il faut remarquer que la communauté doit
être considérée comme une condition et non pas
comme un avantage, elle devrait donc être res-
treinte aux objets qu'il serait utile de se procurer
en commun : les instruments de travail, les ali-
ments, les bibliothèques, les meubles et objets
d'art décorant les appartements communs, etc. Il
est d'autres dépenses qui resteraient nécessairement particulières, comme le vêtement, par

exemple. Les partisans de la communauté qui l'étendent à tout, même aux vêtements et au genre de récréations, commettent évidemment une erreur. Ils font de la communauté une inutile et puérile tyrannie. La communauté ne peut avoir d'autre but utile que de procurer plus de richesses ; hors de là, elle ne fait plus que s'égarer si elle veut aller jusqu'à imposer à des individus si différents dans leurs goûts, une règle d'uniformité qui n'aurait que des contraintes et point d'avantages. Que des associés conviennent de prendre plus ou moins complétement leurs repas en commun, il en résulte pour chacun un bénéfice clair ; cela est naturel et n'a rien d'insupportable. C'est ce que font une foule de personnes qui vont prendre leur nourriture dans des hôtels ou pensions ; l'on ne voit pas alors ces personnes quereller sur le menu des repas, quoiqu'elles soient soumises quelquefois à la rapacité des propriétaires de ces établissements. Mais à quoi pourrait servir une règle uniforme pour le vêtement, pour les récréations, etc.? Cela ne serait plus qu'une servitude aussi gênante qu'inutile.

Nous ne voulons pas nous étendre sur des descriptions de cette vie en commun, ni prendre plaisir à tracer des tableaux brillants, qui seraient sujets à contestation. Nous laissons à l'esprit du lecteur ce qui doit y être laissé. Traçons seulement à grands traits la physionomie générale de la communauté, puisque maintenant nous en avons donné tous les éléments essentiels.

A seize mille francs par tête virile, l'association réunirait deux millions quatre cent mille francs. Une somme de quinze ou dix-huit cent mille francs donnerait le fonds commun, avec les dépenses d'appropriation nécessaires; le reste serait pour l'ameublement et le fonds de roulement.

Chacun des membres, hommes et femmes, aurait son appartement particulier, outre les appartements destinés à l'usage commun : salons, salles à manger, bibliothèques, etc. D'après les calculs de revenu que nous avons faits plus haut, et que nous ne donnons que comme approximatifs et pour présenter à l'esprit quelque chose de plus saisissable, on voit que la communauté serait très-riche et qu'elle pourrait donner un grand luxe aux dépenses communes, une grande aisance à chacun. A prendre ces calculs, les dépenses générales absorberaient cent vingt mille francs. Une somme égale, divisée entre chaque homme, donnerait un dividende de huit cents francs par tête pour le budget particulier et les dépenses volontaires. Les femmes auraient de même un dividende particulier, mais un peu moins considérable que celui des hommes : dans la répartition que nous supposons, il en serait diminué de ce qui formerait l'entretien des enfants.

Je ne me suis expliqué que sur une association agricole. Cela suffit, d'abord parce que l'agriculture est la base de la richesse comme du travail général; ensuite parce que des associations, ou unités sociales, pourraient s'établir sur les mêmes principes, pour exploiter les diverses industries; même aussi peut-être les sciences et les arts qui demandent également, pour la propagation de leurs œuvres, le concours du travail matériel:

Il est d'ailleurs entendu que cette organisation ne prétendrait jamais renfermer tout le monde ; ceux qui par leur goût ou leur caractère préfèrent vivre seuls, peuvent rester dans l'isolement. C'est ainsi que la famille, qui est l'association actuelle, n'embrasse pas tous les individus.

J'ai hâte de terminer cette partie de mon travail consacrée à l'explication de la Formule ; je renvoie au chapitre suivant pour donner les explications qui sont encore nécessaires.

Les économistes disent que c'est le capital qui affranchira l'humanité.

Les révolutionnaires disent que c'est la destruction de l'ancien régime, la Révolution en un mot, qui nous ouvre l'avenir.

Les hommes d'État disent que la propriété est inviolable et sacrée, comme l'enseignement de toute l'histoire, comme le fruit de tout le passé, dont nous devons être les héritiers respectueux, sous peine de n'avoir ni guide ni loi pour le pro-

grès ; ni titre, ni raison pour nous croire au-
dessus des simples animaux.

Je fais un pas de plus que les économistes, et
je dis que ce capital qui doit nous affranchir est
aujourd'hui acquis, et même distribué de manière à nous ouvrir enfin la suppression de la
division des fonctions.

Je fais un pas de plus que les révolutionnaires, et j'affirme que c'est par la division de
la propriété, que la révolution nous a donné les
éléments d'un ordre social nouveau ; je dis que
le socialisme est nécessairement une association des hommes et des biens, dans les conditions qu'on trouve être inhérentes à cette association, pourvu qu'on veuille en reconnaître la
nature.

Je fais un pas de plus que les hommes
d'État, et je dis qu'un ordre social nous manque, et que cet ordre à fonder doit l'être et ne
peut l'être qu'en prenant pour base le droit de
propriété, tel que l'ont fait nos lois nouvelles.

Je dis encore, avec la vraie religion et la vraie philosophie, que le monde moral n'appartient à personne parmi les hommes; que la liberté est sacrée, et qu'elle est la porte par où doivent venir tous les progrès que peut conquérir l'humanité.

Tel est le socialisme. Telles sont ses conditions. Est-il un bien ou est-il un mal? Est-il possible ou ne l'est-il pas?

La réponse appartient à la conscience de chacun et nous la lui laissons. Nous pouvons seulement ajouter que tout l'effort de notre propre conscience et de notre jugement nous le font voir comme un progrès. Nous n'affirmons point l'inconnu, mais si le socialisme est impossible, cette division immense de la propriété nous mène certainement à une grande ruine. Penchez-vous sur les faits, regardez attentivement ce morcellement infini de toutes les forces comme cet isolement de tous les hommes; dites où peut aller cette grande dissolution, si elle ne vient aboutir à l'association.

Celui qui substitua le travail libre au travail

esclave, pouvait prédire combien les richesses qui en seraient acquises dépasseraient les richesses anciennes ; et combien, dès-lors, l'humanité allait gagner en lumières, en civilisation, en dignité. En remplaçant le travail salarié par le travail propriétaire, on peut affirmer que les résultats surpasseront ceux du travail salarié, comme celui-ci a dépassé lui-même les misères de l'esclavage.

CONSIDÉRATIONS GÉNÉRALES.

Considérations générales.

On aura sans doute remarqué que cette formule qui vient d'être exposée, ne contient aucune idée entièrement nouvelle. Ces quelques
idées premières : l'association, l'émancipation
de la femme, une certaine mesure de communauté, la suppression de la division des fonctions; tout cela a été émis et discuté. Il ne res-

tait qu'à employer ces données élémentaires et
à les réunir dans leur unité, dans leur ensemble logique ; car il est bien remarquable que ces
conceptions diverses, conçues indépendamment
les unes des autres, et qui semblaient s'exclure
beaucoup plus que se concilier, se trouvent cependant avoir une connexité intime, et n'être
réellement que les dépendances nécessaires
d'une idée plus générale, l'organisation de la
division de la propriété.

Qui contesterait aujourd'hui que le grand
fait social qui nous gouverne et qui nous entraîne, est la division de la propriété, de telle
sorte que c'est organiser la société même, que
d'organiser cette division de la propriété? Après
cela, que cet état de choses ait besoin d'être
organisé, que ce triomphe d'une grande révolution ne soit pas lui-même un ordre social,
c'est, nous l'avouons, ce que nous croyons
avoir mis dans une complète évidence.

De la division de la propriété, nous avons
conclu à l'association; et nous avons pu dire
que l'association n'est pas seulement la foi des

socialistes, mais qu'elle est une croyance générale et l'attente de tous les esprits.

Cette organisation étant celle de la division de la propriété, nous avons reconnu qu'elle n'est pas seulement une association de personnes, mais aussi une association pour une certaine part de biens.

Examinant ensuite la nature de l'association, nous avons dû reconnaître encore qu'elle est une grande famille qui, par cela même, exclut la famille particulière; en d'autres termes, qui suppose nécessairement l'émancipation de la femme. Les autres parties de la formule ne sont que des conséquences de ces règles premières; nous n'y revenons point.

Nous avons remarqué que la communauté et l'émancipation de la femme qui découlent de l'association, sont des conditions et non des avantages en elles-mêmes. Il suit de là qu'elles doivent être renfermées dans la limite qui sera rigoureusement nécessaire; il suit encore que n'étant que les parties d'un tout, elles ne peuvent être jugées séparément, comme ayant un effet et une valeur propres. Ce n'est que l'ensemble de l'organisation qui est bon ou mauvais, utile ou non.

Je sais l'objection que je rencontre ici : Vous êtes un utilitaire, me dira-t-on, vous vous préoccupez de l'utilité des choses, et vous laissez leur moralité ; mais ce qui est moral passe avant ce qui n'est qu'utile ; les devoirs, la conscience, voilà ce que, pour l'homme, il faut considérer d'abord.

Ceci est une confusion, un sophisme que je connais, et qui consiste à dire de la société ce que l'on dit de l'homme, et réciproquement, de l'homme ce que l'on dit de la société. La vérité est qu'il n'y a nulle identité, et que la loi supérieure de la société peut très-bien être, et est en effet l'utilité, tandis que celle de l'homme est certainement la conscience, le devoir. Oublie-t-on que la société n'est qu'un être de raison, et non pas une vraie personne ayant une responsabilité, une conscience, un compte à rendre. La société n'est qu'une chose , et une chose créée par l'homme, en vue seulement de régler le plus avantageusement possible les rapports qu'il doit établir avec ses semblables ; elle n'est point faite pour toucher à sa conscience, car alors elle modifierait, ce qui est invariable, sa responsabilité vis-à-vis de Dieu. C'est dans ce sens que nous avons dit que l'homme n'est pas perfectible par les institutions sociales.

On voit donc bien que, juger les institutions par leur utilité, ce n'est en aucune façon proposer aux hommes de ne prendre que l'utile pour règle de leurs actions. C'est au contraire respecter leur conscience et en réveiller l'énergie en lui réservant toute la liberté nécessaire à la dignité humaine, en ne s'arrêtant qu'au droit et à la liberté des autres, c'est-à-dire aux nécessités de l'ordre social.

Tel est le vrai principe qui permet de déterminer le pouvoir de la société, et les limites où doit s'arrêter le cercle des devoirs purement humains. Tel est au moins le principe libéral. Je sais bien que les partisans de l'autorité en ont un autre. Ils suppriment les conséquences de notre responsabilité devant Dieu ; et, dans

uno absurde logomachie, c'est au nom même
de la morale et de la religion qu'ils veulent refuser à la conscience tout espace qui lui soit
propre, et où elle puisse agir avec le mérite de
ses seules inspirations. Entre deux principes
si opposés il n'y a point de discussion possible;
il n'y a que le choix à faire et la lutte à soutenir.

Notre société, tant agitée par les révolutions, a cependant conservé pour base la division des fonctions. Aux uns la propriété et le
loisir, aux autres l'obligation du travail de la
production. Toute l'activité sociale tourne donc
toujours, comme sur son axe, autour de la
division des fonctions. L'organisation que nous
proposons change radicalement cette base et
nous ne voulons pas le dissimuler. Mais, qu'on
le remarque bien, la division des fonctions est
déjà abolie en principe, en droit, par la division de la propriété; de telle sorte que loin
d'être encore un ordre social, elle n'est plus
qu'une ruine qui s'achève, un fait qui s'éva-
nouit irrévocablement.

En examinant, dans notre première Lettre,

à quelles conséquences sociales nous conduit
la division de la propriété, nous avons reconnu, ce qui du reste n'était pas fort abstrait, qu'elle est précisément le contraire, et
va droit à la destruction de la division des
fonctions. Elle la supprime sans la remplacer ;
elle fait la situation révolutionnaire où nous
sommes. C'est à quoi il faut bien pourvoir,
car, si notre situation n'est encore qu'instable
et désordonnée, elle marche de plus en plus à
l'impossible, à la ruine de la civilisation.

On ne peut, au moins, nous dire que nos
idées sont subversives, puisqu'on ne saurait
nous montrer l'ordre social qu'on nous accuse-
rait d'attaquer.

Qu'il soit donc entendu que la division des
fonctions, organisée par la division des classes,
est un ordre social détruit, et qu'il y a là,
pour la démocratie, une conquête tellement
consommée, qu'on ne saurait même penser à
la lui reprendre.

Si cependant la propriété et ses avantages

sont de plus en plus divisés, morcelés, par-
tagés entre tous, par cette loi de l'égalité des
successions, la plus immuable qui soit dans
nos codes, il faut bien songer à une organisation qui mette un ordre dans ce chaos et qui,
surtout, sauve et assure les fonctions intellectuelles, fondement indispensable de la civilisation. Il faut bien savoir, quand ce partage
de tous les biens et de tous les bénéfices sociaux sera complet, comment ces fonctions
intellectuelles seront remplies, et où l'on pren-
dra le loisir (la richesse ou la rente), qui en
est la nécessaire condition. Beaucoup de révolutionnaires ont donné cette solution : ils ont
pensé simplement que ces fonctions sociales
peuvent devenir œuvre de fonctionnaires, af-
faire de budget et de gouvernement. Nous
avons vu combien cela est impossible ; ces doctrines sont jugées. La conscience humaine ne
repousse rien autant que le despotisme gigan-
tesque d'un gouvernement qui concentrerait
ainsi dans ses mains tout le travail intellectuel
d'une nation, c'est-à-dire toute son intelligence, toute son âme, toutes ses croyances,
toute sa liberté.

Notre solution à nous, c'est d'accepter l'égalité et de chercher à la rendre suffisante pour l'homme et pour la société. L'association s'offre pour cette tâche; elle s'offre seule. C'est elle qui vient dire : la richesse pour une classe est un ordre social anéanti ; c'est moi qui rendrai votre société plus féconde, et ferai le travailleur assez riche pour être en même temps l'artiste et le savant ; c'est moi qui vous donnerai le fruit des progrès accomplis, des richesses et de toutes les forces accumulées par les travaux antérieurs.

La richesse, considérée à son point de vue général, n'est pas autre chose que la condition nécessaire de l'accomplissement des fonctions intellectuelles. Elle n'a pas d'autre utilité, pas d'autre légitimité. Elle ne serait, sans cela, qu'un fait anormal, incompréhensible, et qui certes n'aurait pu toujours subsister au milieu des hommes. Nous l'avons déjà dit : la richesse n'a jamais eu pour fin le seul bien-être des riches; les capitaux, lentement amassés, devaient permettre un jour ce progrès qui établira l'égalité parmi les hommes, sans sacri-

fier la cause des lumières et de la civilisation.
Voilà pourquoi, quand le temps est venu, la
division des classes a été brisée pour faire place
à ce qui lui est absolument opposé, la division
des richesses. C'est ainsi qu'il ne faut pas croire
au hasard, mais à la Providence, dans la marche des sociétés ; c'est-à-dire à une loi d'intelligence ou de progrès, accordée aux hommes
par Dieu lui-même, à la condition de leur travail, de leurs efforts et de leur bonne volonté.

Que les riches restent riches, leur droit est
inviolable ; mais ils acceptent sans doute le
Code civil, et nous ne voulons rien de plus.
Cette loi n'est plus à faire ; l'égalité qu'elle
nous donne est la seule dont nous parlions et
dont ait besoin le socialisme.

Aujourd'hui, c'est à ceux seulement qui ont
atteint ce *quantum* de la possession que nous
avons expliqué [1], environ seize mille francs,

---

[1] J'ai supposé, pour simplifier le raisonnement, que les
femmes ne font aucun apport. Il n'importe en rien que les
seize mille francs qui doivent être fournis par chaque *tête virile*
le soient par chaque homme seul, ou la femme fournissant un
prorata.

c'est à eux seuls que s'adresse le socialisme.
Combien sont-ils? je ne sais; mais ils sont déjà
en grand nombre, malgré qu'il n'y ait pas encore trois générations que fonctionne l'égalité
du partage des successions. Que voudront-ils
faire? Ils peuvent tenter la concurrence et essayer de faire fortune; ils peuvent suivre cette
voie aventureuse, mais je crois qu'ils ont mieux
à faire : l'association s'offre à eux et leur assure de meilleurs avantages. Est-il vrai d'ailleurs que la loi du travail, même modifiée et
adoucie, restera toujours tellement dure, que
les hommes préféreront courir quelque chance
que ce soit plutôt que d'accepter une association qui les condamne à accomplir une certaine
part de travail matériel.

Je crois que dans une juste mesure le
travail matériel n'est pas si antipathique à
l'homme. Ce travail est certes moins pénible
que celui de l'esprit. Si ce dernier lui est pourtant préféré, c'est qu'il s'y attache un honneur,
c'est qu'il élève notre situation sociale, tandis
que l'autre nous fait descendre au dernier rang.
Le travail matériel est moins détesté pour la

peine qu'il donne que pour le mépris où il
est tenu. L'oisiveté n'est-elle pas un fardeau
pénible auquel on essaie volontiers de se sous-
traire, le plus souvent par des travaux ma-
nuels? Mais l'ambition, le désir de faire fortune, nous jettent dans d'autres entreprises;
rien n'est plus concevable et même plus légitime, tant que la condition du travail est telle
qu'elle sacrifie l'intelligence de l'homme et sa
dignité vis-à-vis de ses semblables. Nous ne
prétendons pas, d'ailleurs, fonder l'obligation
du travail sur la simple volonté, sur l'impulsion naturelle; nous ne comptons pas nous en
rapporter à cette loi d'harmonie qui, selon
Fourier, existerait primordialement pour fonder et diriger, à elle seule, les sociétés humaines. Nous ne pensons pas que Dieu nous ait
épargné ou refusé la tâche d'organiser nous-
mêmes nos sociétés. Le travail, dans notre formule, est rendu court, léger; mais il n'en reste
pas moins une règle stricte, un devoir imposé.

Enfin, nous sommes convaincus que la division des fonctions est un principe forcé, impar-
fait, parce qu'il n'est pas en rapport avec la

double nature de l'homme, l'âme et le corps. Il sacrifie l'une ou l'autre de ces deux facultés; s'il vous condamne aux travaux matériels, c'est pour vos jours tout entiers et sans qu'il vous reste aucun loisir. Il fait encore de l'abandon de ce travail matériel une condition de rang et de dignité. D'un autre côté, l'homme dont l'esprit seul travaille, s'affaiblit même intellectuellement; l'esprit n'a pas toute sa vigueur dans un corps débile, et nous avons tout lieu de croire que le travail physique lui-même n'est pas inutile au juste équilibre de notre raison.

Le meilleur ordre social que puisse atteindre le progrès de la civilisation est donc celui qui supprimerait la division des fonctions pour nous mettre dans la pleine possession de nos deux facultés. Disons encore que le travail est une loi qui nous est donnée à tous, sans que nul code y apporte de distinctions ni d'exceptions. Et pourquoi la refuserions-nous cette loi? pourquoi la regarderions-nous comme une condamnation? Dieu pouvait nous faire heureux autrement, mais non pas méritants. Si nous devions

avoir tant d'honneur devant lui que d'être res-
ponsables et libres, il nous fallait bien une
tâche à accomplir, des peines et des difficultés
à surmonter. Nous, hommes d'aujourd'hui,
nous ne sommes pas arrivés aux temps les plus
mauvais. Nous trouvons de grandes conquêtes
faites par l'intelligence. La science a découvert de
grandes forces, il faut qu'elles soient utilisées.
La poésie et les arts ont aussi marché en avant.
La science et la poésie se seront élevées comme
ces deux colonnes de feu et de fumée qui me-
naient les Juifs vers une terre promise : vieilles
allégories où l'humanité semble avoir caché
profondément le sens de ses destinées.

On a toujours dit, et c'est un lieu commun,
que la forme de société qui satisfait le plus la
raison est la République ; mais on reconnaît en
même temps que les conditions en sont difficiles, souvent même impossibles. C'est une
opinion arrêtée, que les grandes nations y sont
les moins propres ; parce que les individualités
y sont trop effacées vis-à-vis des intérêts géné-
raux ; parce que surtout, ceux qui ont le gouvernement d'une telle société, s'y trouvent avoir

tant de pouvoir en main qu'ils ne peuvent
être maintenus dans l'égalité avec les autres
citoyens. On peut remarquer, ici, que nos sociétés européennes modernes, nées du démembre-
ment de l'empire romain, ont eu pour origine
la conquête, et par cela seul devaient repousser le principe de l'égalité qui est l'esprit même
de la République.

On reconnaît donc que cette forme républicaine, difficile aux grands états, convient par-
faitement aux petits, à une seule cité par
exemple ; car alors on arrive facilement à
régler les affaires générales par le concours de
la majorité des avis. On reconnaît encore qu'une
république aurait surtout besoin de ne point
avoir de guerres à soutenir, parce que si elle
n'est pas vaincue elle n'échappe pas à un autre
danger, celui de voir la partie militaire devenir
l'élément principal, et détruire l'égalité par son
esprit naturel d'hiérarchie et de domination.
« Si une république, dit Montesquieu, est pe-
« tite, elle est détruite par une force étrangère ;
« si elle est grande, elle se détruit par le vice
« intérieur. »

Ce que nous fondons, par notre association,
ce sont de petites républiques ; et l'on reconnaîtra, tout d'abord, qu'elles seraient affranchies
du danger de périr par la guerre, parce qu'elles
ne sont pas des états indépendants, mais simplement des individualités, des unités, relativement à l'ensemble de la nation. Elles seraient
des personnes collectives, fournissant leur impôt d'hommes et d'argent, et ainsi absolument
à l'abri de ce danger des républiques qui, se
trouvant obligées de vivre en états indépendants, deviennent fatalement la proie, ou de
leurs ennemis, si elles sont vaincues, ou de
leurs propres chefs de guerre, si elles sont vic-
torieuses.

Que pourrait-on objecter à ces petites républiques ? Elles remplissent merveilleusement
toutes les conditions de cette forme de société.
Elles ne renferment que cent cinquante têtes
viriles ; les avis y sont donc bien faciles à prendre. Elles ne peuvent être exposées à aucune
brigue ni à aucune usurpation, car elles ne
contiennent aucune magistrature, aucune
charge ni autorité particulière ; leurs membres

restent soumis, comme s'ils ne faisaient point partie de cette association, aux lois générales et aux magistrats qui régissent et administrent la société entière, sans qu'il soit nécessaire de rien modifier à l'état présent. On a pu remarquer en effet que toute l'autorité constituée dans la communauté n'a qu'un caractère purement civil, et n'a pas d'autre objet que l'administration des biens communs et l'obligation de remplir tous les engagements contractés par les associés. On dit que les républiques sont fondées sur la vertu et que, dès-lors, elles ont une base bien facile à s'évanouir. Cela est vrai des républiques qui sont des états indépendants, qui contiennent un gouvernement et, par une suite inévitable des ambitions, des partis, des discordes; qui embrassent des professions et des états divers, condamnés à vivre côte à côte sans jalousie, sans avantage trop grand des uns sur les autres. Voilà, certes, des conditions délicates, difficiles à soutenir. Tout cela est ôté de nos associations : les situations y sont toutes semblables, l'égalité y est fixée d'une façon invariable.

On voit que nous considérons, contre l'habitude, la forme républicaine au point de vue social bien plus qu'au point de vue purement politique. C'est ainsi que la comprenait Platon, et, puisque nous faisons allusion à sa célèbre république, nous remarquerons que la pièce la plus étrange de son organisation, est l'état militaire : ces *guerriers philosophes*, entretenus par le reste des citoyens, et retenus dans la modération seulement par l'éducation et le simple lien du devoir. Platon imaginant une cité indépendante, rencontrait nécessairement pour principale difficulté, la création d'un état militaire de cette république, capable à la fois de suffire contre toutes les attaques du dehors et de ne point menacer la liberté et l'égalité intérieures.

L'agriculture est, aujourd'hui, un problème interrogé en tout sens et journellement débattu. On pense le résoudre par les moyens économiques, par l'action des capitaux et du crédit, par l'intervention du gouvernement. Ce problème, avons-nous dit, est placé à une bien plus grande hauteur, de tels moyens sont incapables de l'atteindre.

L'agriculture n'est pas une question d'économie politique, de crédit, et moins encore de gouvernement; elle est une question de mœurs et d'ordre social. Nous entendons par là, que tel ordre social donne une situation de l'agriculture, et que ce n'est plus ensuite qu'un autre ordre social qui peut changer cette situation générale.

L'agriculture, c'est, remarquez-le bien, le travail central; tellement que dans le raisonnement, quand on discute les conditions du travail dans notre société, on pourrait remplacer ce mot travail par celui d'agriculture, sans rien changer à l'argumentation. Tout autre travail (manuel, j'entends toujours celui-là) de manufacture ou d'art, est superposé à celui de l'agriculture, et s'y joint comme un simple accessoire. C'est la quantité du travail agricole qui détermine la richesse générale, et c'est la situation de cette richesse générale qui détermine l'industrie. La quantité du premier règle donc la quantité du second, et même le prix ou salaire du premier règle aussi le prix de l'autre. En effet, ce sont les mêmes travailleurs, la classe pauvre dans son ensemble, qui vont de l'un à l'autre, selon les conditions qui s'offrent et qui les attirent. Si l'agriculture produit une plus grande richesse, l'industrie s'empare de cet excédant, et alors demande des bras à l'agriculture. Si l'agriculture produit moins, l'industrie, qui sent l'espace et les moyens lui manquer, fait refluer les travailleurs vers l'agriculture. On voit donc qu'il y a un équilibre nécessaire; l'agriculture perdant des bras si elle prospère, et les retrouvant si elle cesse de produire autant. La division des fonctions rend cet équilibre inévitable, car cette tendance qu'elle crée à passer parmi les riches fait que les uns s'efforçant de rester riches, et les autres de le devenir, l'activité des travailleurs porte toujours tout ce qu'elle peut porter, et entretient autant de riches qu'elle en peut entretenir. Qu'importe que vous trouviez le moyen de faire produire plus à la propriété foncière : ou ces produits baisseront alors de prix, ou l'industrie, prenant plus d'essor, appellera les bras à elle et fera ainsi augmenter les frais de culture. En définitive, cette division des fonctions fait qu'on ne travaille avec activité que pour

devenir riche, et qu'on ne devient riche que
pour cesser de prendre part au travail de la
production, et diminuer ainsi la richesse générale. On voit donc que, quand bien même
l'activité humaine pourrait être augmentée, ce
qui ne semble pas du ressort de l'économie politique, la situation sociale que nous signalons
empêcherait toujours qu'il puisse en résulter
plus d'aisance et de bien-être dans la société.
Toutes les inventions économiques quelconques
ne peuvent rien à cela. On invente, par exemple, une machine qui fera avec deux hommes
ce que cent faisaient auparavant : voilà, dit-on,
un bénéfice net de quatre-vingt-dix-huit pour
cent acquis à la société. Qu'y a-t-il au fond de
ce langage superficiel? Les quatre-vingt-dix-
huit ouvriers épargnés en seront-ils plus riches?
Les uns seront obligés de retourner à l'agriculture, ou de subir, dans l'inoccupation, une
dure misère; les autres, s'ils étaient employés
à fabriquer du fil, je suppose, continueront ce
travail, parce que l'industrie pouvant donner
le fil à meilleur marché en fabriquera davantage; mais évidemment la condition des ouvriers n'en sera pas améliorée. Tout au plus

obtiendra-t on l'un ou l'autre de ces deux résultats : ou l'activité des travailleurs en général sera surexcitée par la concurrence, et il en résultera un plus grand nombre de riches entretenus par les travailleurs ; ou seulement la fortune en deviendra un peu plus mobile, par l'attrait de la dépense, et passera davantage des uns aux autres. Mais quel avantage sérieux y a-t-il à ce qu'il y ait un peu plus de riches ? car c'est là seulement où conclut, de toute nécessité, la division des fonctions. Qui voudrait mettre la main à un pareil résultat ? Le point à atteindre, c'est que les perfectionnements de la science et les secours fournis par le capital allègent la loi du travail, non pas en rendant un peu moins nombreux et un peu plus chargés ceux qui la supportent, mais en faisant moins lourd le sort des travailleurs.

M. Reybaud dit de Robert Owen : « Il avait « prévu l'avenir que les machines réservaient « à la classe ouvrière..... Il prouvait par des « chiffres que, de 1792 à 1817, les découvertes « d'Arkwright et de Watt avaient augmenté de « douze fois la puissance productrice de la

« Grande-Bretagne, sans qu'il en fût résulté
« autre chose qu'une misère chaque jour crois-
« sante pour les travailleurs. » Et ailleurs :
« Il a pressenti que les forces mécaniques,
« *sous les lois qui régissent la société actuelle*,
« ne portaient que des fruits amers. »

Je crois qu'il n'est pas nécessaire de s'étendre davantage pour faire comprendre quel est
l'effet social de la division des fonctions ; et
comment, dans cette situation, une plus grande
somme d'activité et de richesses ne peut produire autre chose sinon un plus grand nombre
de riches, et par suite un plus grand fardeau pour les travailleurs obligés de pourvoir
à la production générale, à l'entretien de tous.

Nous trouvons une confirmation de cette vérité dans notre situation actuelle. La révolution, en établissant l'égalité dans le partage
des successions, et aussi la liberté des industries, a imprimé à notre société la plus grande
activité possible pour atteindre la fortune.
Cette augmentation de notre activité est in-
contestable ; qu'a-t-elle donc produit pour la

moyenne du bien-être général? Rien. Il est
inutile de controverser cette question comme
on le fait : il est clair que les capitaux qui
s'amassent deviennent des fortunes particulières, c'est-à-dire forment des riches et dimi-
nuent d'autant le nombre des travailleurs. Il est
même probable, et c'est tout ce que l'on peut
remarquer à ce sujet, que ce désir d'arriver
à la fortune ayant été augmenté, on a dû
donner généralement plus à l'économie, moins
à la consommation, et qu'ainsi la moyenne de
la dépense a été plutôt réduite qu'augmentée.

Je me suis un peu étendu sur l'action des
machines dans notre état actuel. Pour en revenir à l'agriculture, on voit comment elle est
une question d'ordre social, et comment, avec
la division des fonctions, l'activité humaine
est arrivée à un équilibre qu'elle ne saurait
dépasser, parce qu'une augmentation des produits amène immédiatement, forcément, une
diminution des travailleurs, et non une augmentation de la richesse.

Je reconnais néanmoins que la division

des fonctions a été elle-même un fait nécessaire, indispensable, tant que la pauvreté des
ressources et des forces humaines a été telle
que, ne produisant qu'un bien étroit superflu
de la vie matérielle, les fonctions intellectuelles n'ont pu être dévolues qu'à un petit nombre d'hommes entretenus par le reste
des travailleurs, dans cet état que l'on nomme
richesse, possibilité de vivre sans produire ce
que l'on consomme.

Pour que cet état social continuât d'être bon,
utile, nécessaire, il fallait que le nombre des
riches fût très-restreint par rapport à celui des
travailleurs; cela seul pouvait faire que les
riches fussent plus utiles qu'onéreux, et que
s'ils eussent été réduits au rôle de travailleurs,
les fonctions intellectuelles, c'est-à-dire la civilisation, eussent été perdues, sans qu'il en fût
résulté un soulagement bien notable pour le
travail. Remarquez que si le nombre des
riches augmente, cette nécessité de la division des fonctions diminue; en effet, s'ils
deviennent une fraction importante de la population, le quart je suppose, il en résulte que

s'ils travaillaient, chaque travailleur serait soulagé d'un quart et pourrait ainsi avoir un quart de son temps pour s'instruire, au lieu de l'employer tout entier à la production ; ce qui rend évidemment moins utile une application spéciale d'une part des membres de la société à la culture des choses intellectuelles.

Aujourd'hui, les capitaux amassés ont augmenté la fécondité et la facilité du travail ; une autre organisation peut donc, nous le croyons, être essayée. D'ailleurs, il n'y a plus même à reculer ; la loi des successions existe et elle ne saurait être retirée, elle supprime de haute lutte la division des fonctions. Heureusement cette loi de l'égalité civile n'a pas été établie trop tôt, les forces acquises sont assez puissantes, les capitaux assez accumulés pour nous permettre d'affronter l'égalité et de ne pas désespérer de la rendre capable de réunir, dans les mêmes personnes, la culture des choses intellectuelles avec le travail de la production matérielle.

L'association s'est offerte à tous les esprits

comme l'espérance de ces difficultés où nous nous trouvons engagés ; il fallait en bien déterminer les bénéfices et les conditions : c'est ce que nous croyons avoir fait.

Je m'étais proposé de parler de certaines associations ouvrières, fondées dans ces derniers temps ; l'espace me manque. Je crois d'ailleurs qu'il ressortira assez nettement de ce que nous venons de dire, que cette activité des ouvriers, qui se neutralise en se faisant concurrence à elle-même, arrive toujours à l'équilibre dont je parle, et ne peut être modifiée avec profit, tant qu'elle ne sera pas placée dans une autre condition sociale que celle qui lui est faite par la division des fonctions.

Ce qui nous porte à croire que la formule que nous avons exposée est la formule vraie et nécessaire du socialisme, c'est d'abord qu'elle prend pour fondement la division de la propriété. Nous ne voyons pas qu'il puisse être mis en doute que la division de la propriété est, en même temps, et le fait qui a consommé la ruine de notre ancien ordre social, et celui qui

résume la situation de notre état actuel; qui
pourtant est irrévocable, et nous entraîne,
s'il ne parvient à être organisé, à une égalité
agraire emportant pour conséquence l'efface-
ment même de notre civilisation. C'est encore
la division de la propriété qui a déjà détruit
tout principe de résistance, toute force de conservation ou de stabilité, c'est-à-dire, comme
nous avons eu soin de l'expliquer, tout véritable ordre social.

Une autre considération nous touche encore
très-vivement : c'est que cette formule résume
en elle les idées diverses manifestées par les différentes écoles socialistes. Nous ne croyons pas
que ces doctrines aient pu n'être que de simples
erreurs ; l'opinion publique, la conscience des
masses, ne leur eût pas fourni tant de retentis-
sement. Nous croyons plutôt que ces doctrines
ont été la manifestation incomplète des besoins
qui pressent sourdement notre société depuis
qu'elle n'a plus d'ordre social. Ainsi nous
pouvons comprendre la force d'entraînement
qu'elles ont eue par la part de vérité qu'elles
contenaient, et cependant l'impuissance où

elles se sont trouvées quand elles sont venues sur le terrain de la pratique, quand elles ont essayé de se réaliser dans les faits.

Qu'ont demandé ces différents socialismes? *L'organisation du travail*, c'est-à-dire une certaine organisation qui pût garantir à tous une rétribution suffisante et assurée de leurs efforts, et qui encore relevât le travail de l'état de mépris, de souffrance et d'incertitude, où le place la division des fonctions. *La gratuité du crédit* : conception plus abstraite et moins positive, n'est qu'une forme particulière de l'organisation du travail. Il est assez clair que notre formule contient une organisation du travail qui le réhabilite de son infériorité, et qui l'affranchit enfin du fardeau de suffire, en sacrifiant la part de l'intelligence, au subside que la division des fonctions l'oblige de fournir à la classe supérieure.

L'émancipation de la femme est une autre de ces tendances socialistes qui ont trouvé leur place dans notre formule; nous avons montré en même temps, quelle est la mesure et le but de cette émancipation.

Enfin, sans nous arrêter à des idées accessoires, ou trop vagues, comme *l'instruction
gratuite et obligatoire*, *l'égalité*, etc., nous
voyons que notre organisation comprend *la
communauté elle-même*, non pas, certes, la
communauté sans limites et procédant d'un
partage brutal et spoliateur, mais la communauté volontaire, et seulement dans les choses
qu'il est avantageux d'avoir en commun, pour
la richesse, c'est-à-dire pour la sécurité et la
vraie liberté de tous.

La formule socialiste vient encore justifier et
donner une conclusion à la Révolution française,
qui ne serait sans elle qu'un mouvement inex-
plicable, un courant immense de désordre et
de décadence. Cette révolution est venue comme
un retour impétueux aux droits naturels, *aux
droits de l'homme*; mais, par cela même, elle
va précisément à l'opposé des conditions sociales, qui sont évidemment des restrictions à
la liberté et à l'indépendance naturelles.

Après avoir remarqué que notre formule a ce

caractère, qu'elle réunit, dans leur unité logique, toutes les idées qui résument les tendances diverses du mouvement socialiste et le divisent en diverses écoles, il est utile d'observer aussi comment elle échappe aux accusations qu'ont soulevées, chacune à part, ces différentes conceptions, produites isolément et exagérées hors des limites que leur trace leur corrélation même, le lien de leur unité. On leur a reproché avec raison le mépris où elles semblaient tenir tout le passé ; on leur oppose cette affirmation intime de la conscience qui sent que l'héritage du passé est la vraie garantie et la vraie sécurité du présent ; et qui, très-justement encore, ne veut pas croire que Dieu nous ait laissé marcher au hasard, sans une loi de progrès, qui soit avec bien des vicissitudes, la marche même des sociétés et le lien reliant entre eux tous les siècles.

Loin de rejeter les conquêtes du passé, le socialisme veut être au contraire le fruit de ces travaux antérieurs, et le but même où marchaient, d'améliorations en améliorations, les

sociétés qui nous ont précédés. Il explique seul
comment se dégage et se caractérise le progrès; comment, surtout, les révolutions de
notre histoire moderne ne sont pas de vaines
agitations, mais en effet le pressentiment de
l'avenir et le travail préparatoire d'un ordre
nouveau.

Nous nous rattachons au passé, et nous ne
l'accusons même pas volontiers d'erreur ou
d'impuissance. Erreur: c'est bientôt dit, mais
pouvait-on faire mieux? Ne fallait-il pas s'avancer progressivement d'une tâche à une autre,
d'une situation à une situation meilleure? D'ailleurs, ce qui importe, ce n'est même pas autant le but à atteindre que le travail à accomplir; là est le point important, le prix et la
fin de nos efforts. Nous agissons pour être
jugés ailleurs qu'ici-bas. Nous sommes nous
aussi de cet avis, qu'un ordre social parfait et qui
nous rendrait heureux, ne serait pas une conquête, mais bien plutôt une décadence, une
ruine funeste de nos espérances immortelles.
Nous le répéterons aux insulteurs de ces penseurs tourmentés, de ces suppliciés du pro-

grès; eux qui pourraient aussi se renfermer dans
le soin égoïste de leur fortune et de leur bien-
être, et qui se vouent cependant à la recherche
des améliorations, à la récompense périlleuse des
vérités nouvellement conquises : non, il ne s'agit
pas de la satisfaction des jouissances matérielles. Il s'agit de pitié pour ceux qui sont
trop sacrifiés; il s'agit de la liberté et de la lumière pour tous; il s'agit d'étendre à ceux qui
ne les ont pas encore, ces bienfaits de la civilisation qu'on n'accuse pas de corrompre ceux
qui les possèdent.

La résignation, le sacrifice, disent de froids
et inintelligents censeurs, qu'importent des
souffrances qui seront grandement récompen-
sées! Mais jusqu'où va, de grâce, cette doctrine, et dites-nous où seraient les sociétés
qui en auraient accepté le joug éternel? Ce n'est
pas la contrainte, c'est la vraie liberté qui mo-
ralise; ce monde nous laissera toujours assez
de travail à faire, et cette vie assez de sérieuses
et d'utiles souffrances! Qu'arrive-t-il de ces
sentiments naturels et de ces satisfactions matérielles mêmes, quand elles sont trop violem-

ment repoussées ? S'éteignent-elles ? sont-elles
supprimées ? Non, elles prennent seulement un
cours désordonné, elles forment alors ces passions aveugles, ces erreurs incurables que la
nature n'avait point rendues nécessaires. C'est
ainsi que la sève des plantes, dérangée de son
cours, mais ne pouvant être arrêtée, produit,
au lieu de son développement régulier, des dif-
formités inexplicables. Il ne s'agit pas d'ouvrir
aux désirs des hommes une liberté sans limites, comme l'ont pensé des réformateurs em-
portés par la réaction contre des règles trop
étroites. Mais il faut reconnaître que les désirs
des hommes ne sont pas, naturellement, ces
torrents destructeurs que l'on s'imagine; ils
trouvent, au contraire, un prompt apaise-
ment. Ce sont les désirs aigris par la fermentation d'une contrainte absolue qui deviennent
les passions ingouvernables. Alors la dignité de
l'homme est emportée dans cette tourmente
intérieure ; il arrive que l'absence de liberté et
d'espace fait ces âmes dégradées où l'on ne saurait plus reconnaître l'empreinte qui devait
nous apprendre de quelles mains elles sont
sorties.

Que l'on examine froidement, et l'on reconnaîtra que l'humanité n'a pas cet entraînement désordonné vers le mal; si elle l'avait, ne voit-on pas qu'elle eût fini par surmonter des digues qui ne sont rien que l'œuvre de simples législateurs? Il faut bien croire, cela est plus religieux, que l'humanité a en elle-même une loi qui se nomme la morale et qui, plus que tout, la préserve des trop grands écarts et de la décadence. Cela n'ôte pas l'utilité, la nécessité même des législateurs et des lois; cela veut seulement dire que l'autorité des hommes les uns sur les autres a une limite, une limite précise; et enfin qu'à notre liberté appartient l'espace qui reste ouvert quand on a reconnu tous les devoirs sociaux, toutes les conséquences du respect que les hommes se doivent réciproquement.

Ce qui doit être le plus attaqué dans notre formule, c'est l'émancipation de la femme : Crient-elles à l'oppression? nous dit-on. Sont-ce les vertueuses et les sages qui se plaignent? Ce n'est aucunement pour les affranchir d'une oppression que les femmes doivent être émancipées. Dans notre situation actuelle, elles ne

peuvent certainement pas être libres. Que de-
viendraient-elles? qui nourrirait les enfants?
quelle famille serait possible? La liberté ne
serait pour elles que l'abandon, pour la société qu'un immense désordre. Une autre situation sociale a d'autres nécessités. Il n'y a
pas de grande association possible si le mariage, cette autre association, est en même
temps maintenu. L'homme ne peut se partager
entre ces deux associations; c'est ce que nous
nous sommes attachés à mettre dans une complète évidence. La question générale est de savoir si notre association serait en effet un progrès, si elle parviendrait à supprimer la division
des fonctions et des classes; c'est-à-dire à établir
tout ce qu'il peut y avoir de fraternité parmi
les hommes. La question spéciale, quant aux
femmes, est, si elles perdraient à ce changement de situation, et si elles sont capables ou
non de cette liberté plus étendue que nous voulons leur faire dans notre organisation.

Il est certains esprits qui ont une étrange
manière de juger des innovations. Ils ne voient
que la surface des lois et des institutions; ils

n'en soupçonnent pas même l'esprit et la raison. Ces lois et ces institutions sont établies
pour gouverner les hommes, mais en se sub-
ordonnant à d'autres lois données par la nature. Voilà ce qu'ils refusent d'examiner et de
comprendre. Dès-lors, toutes les institutions
qu'on peut leur proposer leur semblent tout-à-
fait insuffisantes. Ils demanderaient volontiers
comment, sous un nouveau régime, les hommes
marcheront encore, comment ils sauront encore voir ou respirer. A ce compte, nos institutions, si elles étaient à fonder, ne leur
sembleraient pas moins incomplètes. Il est certain que si l'homme n'avait pas d'abord, et
indépendamment de tout législateur, ses lois
et sa force propres, il n'y aurait pas de conception humaine qui pût suffire à tous ses besoins. Si l'on veut juger des innovations, il
faut savoir discerner ce qui appartient à la nature et ce qui appartient aux institutions. Alors
on peut apprécier les formes sociales; et l'on
ne tombe pas dans cette erreur dont j'ai déjà
parlé, celle de croire que si tout était effacé
dans les codes, il ne resterait non plus rien
d'écrit dans les intelligences et dans les cœurs.

Nous voici arrivés au terme que nous nous sommes proposé dans cette seconde Lettre ; c'était de chercher quelles sont les conditions d'une association fondée sur la division de la propriété. Nous avons espéré, en observant de près tous les éléments de notre situation présente, découvrir, et les causes du socialisme, et aussi la voie où l'appellent les faits eux-mêmes ; s'il est vrai qu'il soit un besoin réel, une nécessité que nous ont faite nos révolutions.

Nous avons reconnu que la grande perturbation sociale où nous sommes est la suite de la division de la propriété, qui ne fait pas moins que supprimer l'ancienne organisation des sociétés, la division des fonctions et des classes. Ce qu'il faut, ce qui est indispensable, c'est donc d'aviser à se passer de la division des fonctions ; cela veut dire qu'il faudra que tous soient mis à même de participer aux fonctions intellectuelles, en d'autres termes, que l'égalité civile soit empêchée de supprimer la culture de l'intelligence, la civilisation. Il s'agit donc d'une grande économie de forces et d'une nouvelle

distribution du travail. Voilà ce qui fait que
l'association se présente en quelque sorte d'elle-
même pour résoudre ce problème. D'un autre
côté, l'on voit encore que la division des biens,
qui va faisant à chacun sa part, conduit à l'association, ou bien alors à l'isolement le plus absolu, à la négation du principe social lui-même.

Nous n'insisterons pas pour faire remarquer,
une à une, toutes les différences qui séparent
notre formule de celles qui ont déjà été propo-
sées. La plus générale nous semble celle-ci :
nous n'avons point mêlé à nos idées des innovations religieuses, ni même aucun changement nécessaire à l'état actuel de nos lois et
de notre administration. Ce mélange des institutions religieuses et sociales est une erreur
des temps barbares et non pas un progrès. On
doit même dire qu'une des causes qui font que
notre société est arrivée à pouvoir essayer ce
nouvel ordre social, proposé par le socialisme,
c'est précisément qu'elle a conquis dans ces
derniers temps le grand principe libéral de la
séparation de l'Église et de l'État, du Code et de
la conscience. Les droits purs de la conscience

sont rendus à leur légitime liberté. Nous
avons enfin distingué ce qui touche aux rela-
tions sociales et ce qui regarde les croyances
d'une autre vie. Le prêtre armé d'un glaive,
le magistrat tenant un évangile, sont des con-
fusions funestes dont nous resterons affranchis,
il faut l'espérer, malgré d'audacieuses tentatives
et les convoitises non encore résignées de la
tyrannie. La nation sociale s'est éclaircie ;
pourvu seulement que tous nos droits nous
demeurent et soient respectés, le socialisme
peut passer sans crainte et entrer dès à présent
dans les faits. Il ne veut rien changer, rien
troubler dans nos lois. Quelques hommes convaincus, un notaire : cela suffit.

Je ne ferai plus qu'une observation, relativement aux essais que peut tenter le socialisme.
La plupart des chefs d'école ont consenti à faire
ces essais hors d'Europe, sur ce qu'on nomme
un sol vierge. On leur dit : Vous aurez là table
rase; il ne peut se concevoir de condition meilleure, rien ne vous fera obstacle. Ceci est une
erreur qui, seule, suffirait à coup sûr pour
ruiner quelque tentative que ce soit.

Quoi ! le socialisme est un développement et une nouvelle phase de la civilisation, et ce n'est pas sur l'arbre même de la civilisation que vous voulez le faire fleurir. Vous allez le mettre : dans quelles conditions ? Autant que possible dans celle des peuples primitifs, sauvages. Mais dans ces conditions la nature humaine, qui n'a pas changé, fera justement ce qu'elle a déjà fait : elle formera encore une de ces sociétés misérables, barbares, que nous trouvons à tous les commencements de l'histoire. Robert Owen ayant transporté en Amérique son essai qui avait réussi en Écosse (réussi en apparence), qu'arriva-t-il ? *Rassurés sur les premiers besoins de la vie, les ouvriers se reposaient volontiers les uns sur les autres du soin d'accomplir le travail.* Cela était tout simplement inévitable. Quel besoin sentaient-ils de s'élever à un niveau plus élevé que celui de la vie matérielle ? Ou, s'ils l'avaient tenté, quels moyens avaient-ils de faire autour d'eux une atmosphère de civilisation, si je puis m'exprimer ainsi? En vain, ils auraient voulu profiter de toutes les sciences et de tous les arts, ils étaient évidemment insuffisants pour cela. Ils

devaient donc s'arrêter et échouer au point si-
gnalé par le critique. Je dois avouer qu'il en
arriverait autant à notre association, si elle
était essayée dans les déserts de l'Amérique.
Nos associés ne pourraient avoir la prétention
de former, à eux seuls, ce tout immense et
multiple que l'on nomme une civilisation. Ils
se laisseraient aller à la vie primitive et facile
des peuples sauvages; ils n'auraient rien de
mieux à faire, ils ne pourraient rien faire de
plus. Mais qu'ils restent dans notre société,
alors il y aura autour d'eux un niveau de civilisation qu'ils désireront atteindre, et aussi,
qu'ils pourront facilement atteindre : deux
conditions indispensables pour que cette espérance se réalise. Après avoir pourvu aux besoins matériels, ils voudront ce luxe qui enfante
les arts, parce que dans leur situation, arriver à ce point leur serait facile; ces dépenses,
faites en commun, ne seraient pas lourdes. Ils
seraient assez riches pour donner à leurs enfants une entière éducation; tous les moyens
leur en seraient ouverts. Eux-mêmes enfin
voudraient se tenir au niveau le plus élevé des
lumières et de l'instruction, parce que ce ni-

veau existerait, comme je viens de dire, autour
d'eux et serait là pour les solliciter. Je dis donc
que c'est une entreprise absurde, que de s'éloi-
gner du centre civilisé pour tenter un nouveau
progrès de la civilisation. C'est retomber dans
l'erreur de penser que l'humanité a toujours
marché au hasard, et que, réellement, elle eût
pu arriver du premier coup aux formes sociales
les plus élevées. C'est au milieu des arts, des
sciences, des industries, c'est à cette lumière
que le socialisme est possible ; là où elle serait
éteinte, il ne resterait rien, qu'à recommencer
la longue chaîne de nos tâtonnements et de nos
épreuves.

Encore un mot à propos de cette objection
spécieuse : en établissant l'égalité malgré les
différences d'aptitudes et de facultés, vous sa-
crifiez les hommes supérieurs ; vous les rédui-
sez au rang des natures les plus inertes, les
plus disgraciées. Quels sont donc les droits et
les besoins particuliers des hommes supérieurs ? Dans notre état social actuel il est
sans doute désolant que ces natures d'élite
puissent être confinées, par le hasard de la

naissance, dans la classe inférieure, et condamnées ainsi à accomplir une tâche toute matérielle qui n'était pas faite pour leur intelligence.
Mais c'est justement pour faire que le monde
intellectuel et moral soit ouvert à tous que
nous fondons notre association. Si cette vie,
qui supprimerait la division des fonctions et
nous rendrait l'exercice de toutes nos facultés,
est, en effet, accessible à tous, que faut-il de
plus? Qui a besoin de rehausser son bien-être
par le contraste de la souffrance et de l'abais-
sement des autres? et n'est-ce pas surtout pour
les hommes supérieurs, qu'il y a dans le bon-
heur d'autrui un rayonnement qui vient jusqu'à
notre propre cœur?

Nous avons renvoyé à une dernière lettre les
réponses aux objections, et les détails d'exécution qui seraient encore nécessaires. Nous voulons nous borner ici à l'exposition des idées
générales. Nous avons réuni dans leur ensemble
les conditions du socialisme. Cela doit suffire
pour faire comprendre tout le jeu et tout le développement de cette organisation.

Il ne s'agit pas de changements dans la reli-

gion ni dans les lois mêmes; il s'agit d'un
grand changement dans les mœurs. Nous avons
commencé par déclarer que c'était là ce qui
avait besoin d'être renouvelé. Chacun accuse la
fermentation sociale : nous voyons la question
surtout dans le cœur des hommes. On dit que
nous sommes une génération nourrie de romans. Vaine et futile critique! N'a-t-on pas
compris ce que c'était que ce goût des romans ?
cette investigation ardente de toutes les situations, de toutes les conditions sociales ? Les
penseurs ont raisonné sur des doctrines, sur
des théories. Les romanciers, eux, ont pris des
espèces, comme disent les jurisconsultes. Mais
les uns et les autres, ils ne faisaient qu'obéir
à cette impulsion sourde et puissante, invin-
cible, qui sort d'une société qui veut changer
de situation; comme si tous les hommes ensemble avaient quelque part un seul cœur qui
bat et se soulève, plus fort que toutes les autorités, plus entraînant que toutes les déclamations. Les formes sociales sont devenues trop
étroites, et la nature humaine se sent étouffer,
voilà le fait! Enfin, il y a un pressentiment
qui nous affirme que nos révolutions n'ont été

que la préparation d'une civilisation qui va
naître, d'une ère brillante, de richesse, de
calme et d'égalité; ce n'est pas en y appuyant
la main, qu'on empêchera notre société de fré-
mir à cette espérance jusqu'au plus profond de
ses entrailles.

Si nous ne nous abusons pas, cette transfor-
mation n'a plus devant elle nul obstacle à bri-
ser. Elle peut s'accomplir par une simple évolution sur elle-même; comme cette métamor-
phose du ver qui prend des ailes et de vives
couleurs, sans que l'œil étonné puisse saisir le
moment où il cesse d'être une larve informe,
et devient semblable à la fleur qu'une étincelle
de vie aurait déliée de sa tige pour lui ouvrir
le ciel et l'espace.

Nous sommes au moment le plus troublé et
le plus confus; nos sentiments égarés ne savent
plus le chemin qu'ils doivent prendre. Il semble que, comme deux armées ennemies qui se
sont approchées et confondues pendant la nuit,
nos vices et nos vertus se rencontrent ensemble, pêle-mêle, hors de voie, dans un désordre

où ils ne savent plus se séparer ni se combattre. Cette confusion, où l'énergie s'agite dans l'obscurité, ne peut pas se prolonger long-temps : il y a déjà une aube ; on sent une impulsion et un mouvement de marche. Les pionniers aventureux ont sondé les routes ; il ne reste qu'à lever le camp et à marcher résolûment.

Prendre une femme et élever des enfants, cela est bien ; si vous ajoutez, comme dans les vieux contes, un dragon placé à l'entrée du cœur des femmes pour garder ce trésor défendu : voilà toute notre société ; voilà aussi ce qui a mis dans notre littérature moderne cette figure de don Juan, le véritable Achille de notre époque. Autrefois au moins on travaillait pour sa race, pour une chose durable, on respirait dans un espace plus large ; aujourd'hui, dans un isolement absolu, dans une famille sans passé et sans avenir, on emploie sa vie à amasser une fortune que la loi des successions vient défaire à mesure. C'est un cercle trop étroit ; il se trouve que l'humanité ne tient pas dans cette ruche d'abeilles !

Les hommes peuvent s'entendre pour fonder plus de sécurité, plus de liberté et de dignité. Allons droit au travail, et tous ensemble, au lieu de nous ingénier à qui ne le fera pas ; nous serons comme Salomon qui, pour avoir fait choix de la sagesse, eut aussi les richesses qu'il n'avait pas demandées.

« Je me croirais le plus heureux des mortels, dit Montesquieu[1], si je pouvais faire « que les hommes pussent se guérir de leurs « préjugés. J'appelle préjugés, non pas ce qui « fait qu'on ignore de certaines choses, mais « ce qui fait qu'on s'ignore soi-même. C'est en « cherchant à instruire les hommes, qu'on peut « pratiquer cette vertu générale qui comprend « l'amour de tous. L'homme, cet être flexible, « se pliant dans la société aux pensées et aux « impressions des autres, est également ca- « pable de connaître sa propre nature, lors- « qu'on la lui montre, et d'en perdre jusqu'au « souvenir, lorsqu'on la lui dérobe. »

_____

[1] Préface de l'Esprit des Lois.

Je termine par ces graves paroles : elles me semblent contenir une sagesse capable de modérer l'emportement des préjugés que signale ici ce grand et bienfaisant esprit. Si, encore, nous ne pouvons pratiquer « cette vertu générale qui comprend l'amour de tous, » au moins pourrons-nous peut-être nous accorder entre nous la liberté; le socialisme ne se fonde que sur elle seule : c'est le moment de voir comment cette liberté remplira toutes les espérances qu'elle a données, et récompensera tous les glorieux efforts dont sa cause a été servie.

Elle fut la foi unique de ce siècle, qu'elle puisse donc en être le salut.

FIN.

TABLE.

TABLE.

—

Explications préliminaires.   1
Formule.   45
Considérations générales. 121

Errata.

—

Page 78 . . . . 15 août, *lisez* 15 Juillet.

La première Lettre, intitulée **Pourquoi le Socialisme?** est consacrée à la recherche des causes qui ont donné lieu au mouvement, et à toutes les tendances socialistes. Elle trouve le pourquoi du Socialisme dans un examen de notre situation sociale depuis la révolution de 1789.

Cette seconde Lettre aborde les affirmations définitives ; après avoir examiné, une à une, les conditions d'une association SOCIALE, elle déduit de leur ensemble la **Formule**, c'est-à-dire l'expression complète et pratique du Socialisme.

Ces deux Lettres contiennent un ensemble de doctrine ; cependant une dernière Lettre pourra être publiée pour répondre aux objections et donner les détails d'application qui seraient encore nécessaires.

BLOIS. — IMPRIMERIE DE HENRY MORARD.

www.ingramcontent.com/pod-product-compliance
Lightning Source LLC
Chambersburg PA
CBHW072229270326
41930CB00010B/2059